SUNA DUMANKAYA

MESLEK SIRLARIM

24.BASIM / MAYIS 2006

filika

SUNA DUMANKAYA

MESLEK SIRLARIM

yayın hakları / copyright: nuhungemisi ltd. filika yayınları
ISBN 975-8410-51-2
dizgi: ebru oğuz
grafik tasarım ve uygulama: reklamhane 0212 2178466
reklamhane@reklamhane.net
baskı ve cilt: STİL matbaacılık ve yayıncılık A.Ş.
İbrahim Karaoğlanoğlu Cad. Yayıncılar Sok. Stil Binası No:5
Seyrantepe 4.Levent - İstanbul
Tel: 0212 2819281

filika yayınları

Nuhungemisi Kültür ve Sanat Ürünleri
Yayıncılık, Reklamcılık, Film San. ve Tic. Ltd. Şti'nin
kitap yayın markasıdır.
Salkım Söğüt Sk. No: 8, Keskinler İş Mrk. D: 604-605
Cağaloğlu - İstanbul
Tel: 0212 5196848 faks: 0212 5196849

1958 Van doğumluyum. Türkiye'nin ilk lokman hekimlerinden Fatma ÖKTEM'in torunuyum. Anneanemin zamanında Van'da hastaneler yokken Patriye denilen yerler varmış. Anneannem Patriye'lerde hekimlik yapan arkadaşlarıyla birlikte, bitkilerle ilaç yaparak hastaları iyileştirirmiş. Gerek Patriye'lerde edindiği bilgileri, gerekse kendisine anneannesinden kalan doğal ürünlerle yapılan sağlık ve güzellikle ilgili tüm bilgileri içeren Farsça-Arapça-Latince açıklamalı bir kitap yazan Anneannem 110 yaşına kadar çok sağlıklı ve bakımlı olarak yaşadı ve yazdıklarını bana emanet ederek 1985 yılında vefat etti. Nurlar içinde yatsın.

Çocukluğum ve gençliğim Van'ın zengin bitki örtüsünü ve anneannemin kendisine başvuran hastalara hazırladığı bitki karışımlarını inceleyerek geçti. Ben de tüm bu birikimlerimi öncelikle güzellik alanında değerlendirmeyi tercih ettim. Bilgilerimi kurslar ve seminerlerle çağdaş yaşama uyarlayarak, güzellik uzmanı oldum.

Türkiye'nin bitkisel ürünlerle cilt bakımı yapan ilk güzellik uzmanıyım.

Şu an Milli Eğitim'e bağlı Meslek Liseleri'nde cilt bakımı ve makyaj öğretmenliği yapıyorum.

Bu kadar eski yıllardan süzülüp bana kadar gelen doğal güzellik formüllerini sizlerle paylaştığım için çok mutluyum.

Anneanneme anneannesinden kalan ve onun da bana aktardığı bu misyonu elinizdeki kitabın makyaj bölümünü hazırlayan kızım Handan Karael sürdürecek...

Suna DUMANKAYA
Mayıs 2004

İÇİNDEKİLER

BİRİNCİ BÖLÜM /sf.13-30
ŞİFALI BİTKİLER VE BİTKİ YAĞLARI

şifalı bitkiler
şifalı bitki yağları

İKİNCİ BÖLÜM /sf.31-42
BESLENME

karbonhidrat, protein ve yağ metabolizması
enerji besin maddelerinin kalori değeri
günlük toplam kalori gereksinimi
günlük besinin içeriği

ÜÇÜNCÜ BÖLÜM /sf.43-94
TEMEL CİLT BAKIMI MALZEMELERİ VE YAPIMI

temizleme formülleri
tonikleme formülleri
nemlendirici formülleri
peeling formülleri
buhar banyosu formülleri
detoks formülleri

DÖRDÜNCÜ BÖLÜM /sf.95-128
PROBLEMLİ CİLTLER

hassas ciltler
sivilceli ciltler
lekeler
çiller
akne
selülit

BEŞİNCİ BÖLÜM /sf.129-204
MASKELER

kuru ve kırışık ciltler için maskeler
karma ciltler için maskeler
renk bozukluğu için maskeler
yorgun ciltler için maskeler
yağlı ciltler için maskeler
hassas ciltler için maskeler
göz çevresi için maskeler
kılcal damarlar için maskeler
dekolte için maskeler

ALTINCI BÖLÜM /sf.205-216
KREMLER

selülit kremleri
güneş kremleri
güneş sonrası için kremler
kuru ve normal ciltler için kremler
yağlı ciltler için kremler
göz ve dudak kremleri

YEDİNCİ BÖLÜM /sf.217-234
YAĞLAR

besleyici yağlarla masaj
masaj yağları
yüz ve vücut yağları
kuru ciltler için vücut yağı
yağlı ciltler için vücut yağları
küvette kullanmak için yağlar
güneş ve sonrası için kuru cilt ve vücut yağı
güneş yanığı yağı
güneş yağı

SEKİZİNCİ BÖLÜM /sf.235-256
ŞAC BAKIMI

kısa saç bakımı
uzun saç bakımı
saça biçim vermek
boyalı yıpranmış saçlar için maske uygulaması
saç toniği
saç dökülmeleri
kepekli saçlar
erken beyazlayan saçlar
saç kıran

DOKUZUNCU BÖLÜM /sf.257-274
EL BAKIMI

El ve parmak egzersizleri
Peeling
masaj - Sert kuru eller için
maske
kremler
terleme için
manikür
manikür - Tırnak kırılmasını önlemek için
püf noktaları

ONUNCU BÖLÜM /sf.275-300
MAKYAJ

makyaj malzemelerinin uygulanışı
fondöten
pudra
far
rimel
allık
ruj
gündüz makyajı
gece makyajı

*Eşim Aziz Dursun DUMANKAYA ve
çocuklarım Hakan, Harun, Handan KARAEL'e ...*

BAŞLARKEN

Sevgili okuyucularım,

Kitabımda adı geçen bitkilerin çoğunu aktarlarda bir kısmını da evlerinizdeki raflarda bulabilir, varsa bahçenizden de toplayabilirsiniz. Kullanılacak bitkiler genelde taze olmalı veya temiz kurutulmuş cam kavanozda muhafaza edilmelidir. Kurutulmuş bitkileri bir yıl kullanabilirsiniz. Bazıları un haline getirilip maske olarak veya çay gibi demlenip kompres olarak kullanılır. Sizlerle paylaştığım bu reçeteleri kendim yaparak uyguladığım için hazırlanmasının hiç de zor olmadığını söyleyebiliyorum. Şehir yaşamı her gün yeni yükler ve sıkıntılar getiriyor. Bunlar bizi özümüzde var olan doğamızdan uzaklaştırmamalı. Teknolojinin tabii nimetlerinden yararlanalım ama, temiz hava ve doğal yiyeceklerden, doğal güzelliklerden de uzak kalmayalım. Türkiyemiz dört mevsim; her mevsimde istediğimizi bulabiliriz.

Hep söylendiği gibi, güzel olmayan kadın yoktur. Bakımlı olduktan ve biraz da bu konunun inceliklerini bildikten sonra tüm kadınlar güzeldir.

Biliyorsunuz tüm dünyada gerek sağlık, gerekse güzellik konusunda **doğal ürünlere dönüş** var. Zaten birçok tıbbi kozmetiğin de hammaddesi doğadan karşılanmaktadır. Bu kitapta sizlerle paylaştığım güzellik reçeteleri, oldukça ekonomik şartlarda yapılabilecek çok denenmiş, istikrarlı olarak kullanıldığında sizi kesin sonuca götürebilecek niteliktedir. Kitabımdan faydalanacağınızı ve memnun kalacağınızı ümid ederek, mutlu günler yaşamanızı diliyorum.

Sevgiyle kalın...

BİRİNCİ BÖLÜM

bu kitapta yeralan formüllerde kullanılan
ŞİFALI BİTKİLER VE BİTKİ YAĞLARI

Şifalı Bitkiler

ADAÇAYI

Yaprakları ve dalları kullanılır. Antiseptik özelliği vardır. Deri problemlerinde tonik olarak kullanıldığında fevkalade sonuç verir. Çayı yüze sürüldüğünde yaşlı ve gözenekleri genişlemiş ciltlere faydalıdır. Banyoda kullanıldığında ağrıyan kaslara ve ayaklara iyi gelir. Yaprağı çiğnendiğinde ağız kokusunu giderir. Kurutulmuş yaprakları toz haline getirilip tuzla karıştırıldıktan sonra dişlere sürülürse, dişleri beyazlatır.

BİBERİYE

Yaprakları ve çiçekleri antiseptik özelliktedir. Vücuttaki yağların yakılmasına yardımcı olur. Saçın uzamasında son derece etkili olan bir bitkidir. Saçlardaki kepek için: Saçlar, yıkandıktan sonra biberiye çayı ile iyice ıslatılır ve yıkanır (saça dirilik ve parlaklık verir). Biberiye çayı cilde sürüldüğünde genişlemiş gözenekleri sıkıştırır. Banyo suyuna çayı katıldığında bedene canlılık verir. Kozmetikte antioksidan, antiseptik, temizleyici, dinçleştirici ve yenileyici özelliklerdedir. Ayrıca nem düzenleyici, güneşten koruyucu ve saç güçlendirici aktiviteleri vardır. Özellikle kepekli saçlar olmak üzere tüm saç tipleri için şampuanlarda, dinçleştirici vücut sütlerinde, akneli yağlı ciltler ve karma ciltler için maskelerde, ağız hijyen ürünlerinde kullanılır.

Şifalı Bitkiler

ZENCEFİL
İştah açıcıdır, hafızayı kuvvetlendirir, öksürük ve bronşite iyi gelir. Derideki lekeleri giderir. Kaynatılıp suyuyla saçlara friksiyon yapılırsa saçlar parlar ve dökülmesi önlenir.

FESLEĞEN
Spazm önleyici özelliği vardır. Baş ağrısı ve mide kramplarında kullanılır. Kadınlarda adetin düzenli ve ağrısız olmasını sağlar.

ÇÖVENOTU
Kökünün temizleme özelliği vardır. İsilik, kaşıntı ve alerjiye iyi gelir. Tonik olarak da kullanılır.

Şifalı Bitkiler

GÜL
Çiçekleri ve yaprakları kullanılır. Nemlendirici ve toniklerin vazgeçilmez bitkisidir. Rahatlık ve sakinlik verir. Afrodizyak özelliği vardır. Kaynatılıp gözlere kompres yapıldığında kızarıklıklara iyi gelir.

FRENK MAYDONOZU
Yaprağı ve dalları kullanılır. Problemli ciltler için tonik olarak kullanıldığında mükemmel sonuç verir. Kaynatılıp suyuyla kompres yapıldığında el ve ayak şişliğini giderir.

Şifalı Bitkiler

LAVANTA ÇİÇEĞİ
Yağlı ve problemli ciltlere tonik olarak oldukça faydalıdır. Ayrıca öğütülerek sivilceye de sürülebilir. Kaynatılıp suyuyla kompres yapıldığında sinir sistemine iyi gelir.

KEKİK
Yaprakları ve dalları kullanılır. Tonik olarak kullanılabilir. Yemeklere de eşsiz bir lezzet katan kekik aynı zamanda sakinleştirici özelliktedir. Çay gibi demlenir, yüzün alt kısımlarına kompres yapılır, buğu banyosu yapılırsa cilteki gözenekleri açar, yağ bezlerinin faaliyetlerini dengeler, ağız hizyen ürünlerinde, akneli yağlı ciltler için kremlerde, cansız, solgun, yıpranmış, hassas saç şampuanlarında, yağlı saç losyonlarında kullanılır.

Şifalı Bitkiler

MENEKŞE
Çiçekleri kullanılır. Unutkanlığı giderir. Sindirim sistemine iyi gelir. Yumuşatıcı özelliği vardır. Saçlara parlaklık verir. Sakinleştiricidir.

OKALİPTÜS
Antiseptik özelliği vardır. Öksürük ve bronşite iyi gelir. Saunada bronşları açar. Yağı masajlarda kullanılır. Sakinleştiricidir.

NANE
Yaprakları canlılık verir. Naturel deodorantlarda rahatlatıcı özelliği olduğu gibi; üşütme, mide spazmlarında bilinen bir cankurtarıcıdır.

Şifalı Bitkiler

PAPATYA

Buharı, cildi yumuşatır. Demlenmiş papatya suyunu buz haline getirip yüzünüzde dolaştırırsanız yumuşatıcı, sıkıştırıcı özelliğini farkedeceksiniz. Ekstresi yatıştırıcı, nemlendirici, yenileyici ve leke giderici özellikler taşır. Esansı ise laksatif (bağırsak yumuşatıcı) , antiseptik (mikrop kırıcı) yumuşatıcı, yatıştırıcı, temizleyici ve yenileyici etkidedir. İdrar çoğaltıcı, gaz giderici, safra söktürücü, yara iyileştirici, ağrı kesicidir. Ayrıca sistit hastalığına iyi gelir. Küvetteki sıcak suya bolca papatya koyulup içersinde 30 dakika durulduğunda sistiti iyileştirir.

Şifalı Bitkiler

SARDUNYA
Kozmetikte kullanılan bir bitkidir. Temizleyici tonik olarak da kullanılır.

SUSAM
Öğütülüp bala karıştırılıp yenildiğinde ses tellerindeki iltihabı giderir, sesi güzelleştirir. Kozmetikte fazlaca kullanılır.

PORTAKAL ÇİÇEĞİ
Sıcaklık verir, sakinleştirir. Kremlerde ve yağlarda fazlaca kullanılır. Nefes açıcı özelliği vardır.

Şifalı Bitkiler

ŞERBETÇİOTU
Tonik ve maskelerde kullanılır. Ayrıca kaynatılıp bal ilavesiyle içilirse sinir sistemine iyi gelir. Bol kadınlık hormonu ihtiva eder.

YASEMİN
Dalı ve yaprakları çay gibi de içilen yaseminin yaprakları tonik olarak da kullanılır.

YABAN KEREVİZİ
Kullanılan kısmı, kökleridir. Cildi canlandırır, problemli cilde iyi gelir. Hamilelikte kullanılmamalıdır çünkü regli hızlı söktürme özelliği vardır.

Şifalı Bitkiler

MELİSA
Sinir sistemine iyi gelir. Duyarlı hassas cilde faydası vardır. Tonik ve losyonlarda kullanılır.

BUĞDAY
E vitamini ve protein içerir.

EBEGÖMECİ
Antiseptik özelliği vardır. Öksürük ve bronşite iyi gelir. Kaynatılıp yüze ve vücuda sürüldüğünde sıkıştırıcı ve yumuşatıcıdır.

Şifalı Bitkiler

ALOEVERA
Kozmetikte fazlaca kullanılır. Hücrelerin gelişimini ve hastalıkların iyileşme sürecini hızlandırır. Yara ve yanıklara sürüldüğü zaman çok faydalıdır. Doğu Afrika'da yetişir, çok fazla çeşidi vardır.

DUL AVRAT OTU
Dengeleyicidir, yağlanmayı önler ve gözenekleri sıkıştırır. İltihaplı sivilceleri iyileştirir. Saçları besler ve dökülmesini önler.

Şifalı Bitkiler

KETEN TOHUMU
Öğütülerek maskelerde kullanılabilir. Hücreleri çoğaltır ve güçlendirir. Hazmı kolaylaştırır.

AT KESTANESİ
Kan dolaşımını hızlandırır. Hazımsızlığa iyi gelir. Kremlerde kullanılır. Yüzdeki renk bozukluğunu giderir.

Şifalı Bitkiler

ÇAY
Gözlere kompres yapılır. Sinirleri yatıştırır. İdrar söktürür ve iştah açar.

TARÇIN
İştah açar ve hafıza yorgunluğuna iyi gelir.

CEVİZ
Kolestrole ve ciltteki sivilcelere çok faydalıdır.

Şifalı Bitkiler

KUŞBURNU
A, B, C vitaminleri içerir. Cildi güçlendiren, sıkılaştıran özelliği vardır.

OĞULOTU
Antiseptik özelliği vardır. Yatıştırıcı, temizleyici, yenileyici, ve dinçleştiricidir. Güneş ışınlarından korur.

FUNDA
Vücuttaki suyu atar ve dezenfekte özelliği vardır.

Şifalı Bitkiler

REZENE
Yağlı ve sivilceli cilde iyi gelir.
Tonik yapımında da kullanılır.

SİNAMEKİ
Kuvvetli bir müsildir.
Ancak tek başına
kullanılamaz.

Şifalı Bitkiler

MEYAN
B1 ve B2 vitaminleri içerir. Öksürük ve bronşite iyi gelir. Karma ciltlerde maske olarak kullanılır.

ISIRGAN
Antiseptik özelliği vardır. Sivilce, üritiker ve saç dökülmesine faydalıdır.

Şifalı Bitki Yağları

FINDIK YAĞI
Saça ve cilde çok faydalıdır.

HİNDİSTAN CEVİZİ YAĞI
Nemlendirici özelliği vardır. Saça parlaklık verir. Güneşten zarar görmüş cildi onarır.

EŞEKOTU YAĞI
Problemli cildin kendini toparlamasına yardımcı olur. Regl dönemi ağrılarında karına masaj yapılırsa iyi gelir. Ayrıca menapoz döneminde otu kaynatılıp içilirse rahatlık verir.

JOJOBA YAĞI
Genellikle kozmetikte kullanılır. Nemlendirici özelliğiyle tek başına da kullanılabilir.

Şifalı Bitki Yağları

ZEYTİNYAĞI
Saç ve cilt için birebirdir. E vitamini ampuluyle karıştırılıp saça, cilde, dekolteye uygulandığında harika sonuç alınır.

AYÇİÇEĞİ YAĞI
Özü, masaj ve banyolarda kullanılır.

SAFRAN YAĞI
Masajda kullanılır. Vücuda ve yüze son derece faydalıdır.

HAVUÇ ÖZÜ YAĞI
A vitamini ve E vitamini yönünden zengindir. Cilt için iyi bir besin kaynağıdır.

MISIR YAĞI
Dinçlik veren yatıştırıcı özelliği vardır. Nemlendirici olarak da kullanılır.

İKİNCİ BÖLÜM
BESLENME

BİLİNÇLİ BESLENME

Suna Dumankaya ile olan dostluğum ondokuz yıl öncesine dayanır. Kendisini ilk gördüğüm anda gözlerindeki güzel ışıltı bedeninden yansıttığı pozitif enerji beni oldukça etkilemişti. Onunla yaptığımız sohbetlerde ilgimi çeken en önemli özelliği doğadaki bitki sebze ve meyveleri özellikleri ile tanıyıp kullanmasıydı. Eline aldığı her bitkinin cilt ve sağlıkla ilgili özelliklerini söylemesi ve uygulaması beni çok etkiledi. Her zaman anneannesinin bitkilerle olan yakınlığından bahsedip bu bilgilerin hemen hemen tümünü ondan öğrendiğini söylerdi. Anneannesi bu günkü deyimiyle herbolistdi.

Özellikle günümüz koşullarında her nekadar teknoloji ilerleyip hayatımız bir o kadar kolaylaşmış gibi görünse de, bedenimiz özellikle derimiz, kötü ortam koşullarında oldukça yıpranmaktadır. Bedenimiz doğadaki organik ve inorganik maddelerin bir kompozisyonudur. Arkadaşım Suna Dumankaya'nın hazırladığı bu kitap günlük yaşamda kullandığımız inorganik maddeleri, bitkisel ürünlerin içeriklerini, nasıl kullanılacağını tarif eden çok değerli bilgileri içermektedir.

Bu kitapta önerilen reçeteler bedenimizin günlük ortam koşullarında maruz kaldığı, yıpratıcı etkileri en az düzeye indirecek ya da tamamen ortadan kaldıracak özelliktedir. Ayrıca metabolizma besinler ve kalori değerleri, günlük besin içeriğinin nasıl olması ile ilgili bilgileri içermektedir. Dolayısıyla arkadaşım Suna'nın önermiş olduğu reçeteler tamamen doğal ürünlerden oluşmaktadır. İnsan bedenine zararlı kimyasallar içermemektedir. Birçoğu elimizin altında sürekli kullandığımız ekolojik ürünlerdir, ekonomiktir. Güzelleşmek bakımlı olmak için çok para harcamaya gerek kalmayacak.

YASEMİN GÜNEY
Uzman Biyolog

KARBONHİDRAT, PROTEİN VE YAĞ METABOLİZMASI

Enerji sağlanması ve vücut için gerekli olan maddelerin sentezlenmesi ile ilgili kimyasal reaksiyonlara toplam olarak metabolizma adı verilir. Canlı vücudu ve hücrelerdeki çeşitli fizyolojik olaylar için gerekli olan enerji besinlerin sindirimini izleyen metabolizma olaylarından elde edilir. Metabolizma sonucunda büyük miktarda enerji serbestlenir.

Besinlerdeki potansiyel kimyasal enerjinin serbest hale gelmesini sağlayan yıkım olayları, katabolik (ATP üreten) olaylardır. Basit ya da ara maddelerden uygun depo, yapı ve fonksiyonel maddelerin yapımı ise anabolik (atp gerektiren) olaylardır.

BESLENME

Önceki bölümde, üç ana besin maddesinden sindirim sonucu meydana gelen ürünlerin hücrelerde nasıl değişime uğradıklarına ilişkin önemli metabolik yollar incelenmişti. Bu bölümde ise vücut, bütün olarak ele alınıp beslenme üzerinde durulacaktır. Besin maddeleri, metabolik olayların devamı için vücuda enerji, vitamin ve mineral sağlamalıdır.

ENERJİ

Besin maddelerindeki potansiyel enerjinin ancak yaklaşık olarak yarısı ATP şeklinde fosfat bağı enerjisine çevrilir, geri kalanı ATP yapımı sırasında ısı şeklinde açığa çıkar. ATP enerjisinin çeşitli olaylarda kullanıldığı, fakat daha sonra bu enerjinin de (belli mekanik işler için harcanan enerji hariç) ısı şeklinde açığa çıktığı düşünülecek olursa, besinlerle vücuda giren enerjinin pratik olarak tümünün en sonunda ısıya dönüştüğü görülür. Enerjinin böylece ısı şeklinde kaybı, dışardan sürekli olarak yeni enerji kaynaklarına gereksinme yaratır. Bu kaynaklar da oksitlenebilen besin maddeleridir.

BESİN MADDELERİNİN KALORİ DEĞERİ

Besin enerjisi, bir kalorimetrede besinin tam olarak yanması sonucu meydana gelen ısı ile ölçülür. Beslenmede enerji birimi olarak kullanılan kalori (cal) veya kilokalori (kcl), 1 kg suyun ısısını 1 C (15 C'tan, 16 C'a) yükseltmek için gerekli olan ısıya eşittir.

Üç ana besin maddesinin kalorimetre yanmasıyla meydana gelen ısı miktarlarına göre, 1 gr. karbonhidrat 4.1 Cal, 1 gr. yağ 9,3, 1 gr. protein 5.3 cal verir.

GÜNLÜK TOPLAM KALORİ GEREKSİNİMİ

Toplam vücut metabolizması açısından bakıldığında, besinlerle alınan enerjinin, bazal metabolizmanın devamı ve günlük hayatta çok çeşitli faaliyetler için kullanıldığı ifade edilebilir. Bunlara bir de besinlerin spesifik dinamik etkilerinden ileri gelen gereksinimi eklemek gerekir. Bazal metabolizma, tam istirahat halinde ve standart koşullar alıtnda örneğin, 18-20 C oda sıcaklığında, yemekten 12-14 saat sonra ölçülen metabolizmadır. (Vücutta ısının açığa çıkma hızı, metabolizma hızını gösteren bir ölçü olduğuna göre, açığa çıkan ısı miktarı, bireyin harcadığı oksijen miktarında hesaplanabilir ortalama değer 4.825 cal/lt oksijen.) Bu koşullar altında kalp faaliyeti, solunum, bez faaliyeti, v.s. gibi hayati fonksiyonların devamı için harcanan enerji, bazal metabolizmayı devam ettirebilmek için gerekli olan enerjidir. Bu enerji, vücut yüzeyi 1.8 m olan erişkin bir erkek için günde yaklaşık 1700 cal, kadın için 1600 cal dolayındadır. (Erkekte bazal metabolizma: 40 cal/m/saat, 40x1.8-72 cal/saat, 72x24-1728 cal/gün: kadında bazal metabolizma: 27 cal/m/saat, 37x1.8-66.6x24-1598 cal/gün) Besin alınması, vücutta ısı üretiminin artmasına, başka bir deyişle, metabolizmanın hızlanmasına neden olur. Bu ısı, vücutta serbest kalan ve bazal düzeydeki ısı üretimine ek olarak meydana gelen ısı miktarıdır. Besinlerin ısı üretimini (veya metabolizmayı) yükseltici etkisine spesifik dinamik etki denir. Bu etki, besin alındıktan sonra altı saat ya da daha fazla sürebilir. Proteinler metabolizma hızını %30, karbonhidratlar %6, yağlar ise %4 oranında artırırlar. Karışık bir beslenmede, spesifik dinamik etkinin ortalama %10-13 olduğu kabul edilebilir ki, bu da günde yaklaşık 200 cal'ye eşdeğerdir. Böylece bazal metabolizma için gerekli olan enerji miktarına bu değer eklenirse, günlük enerji gereksinimi kadında yaklaşık olarak 1800 cal'ye erkekte 1900 cal'ye çıkar.

Günlük hayat faaliyetleri için gerekli olan ek enerji miktarı, yapılan işin türüne göre çok değişir. Kas faaliyetinin aksine, zihin faaliyeti metabolizmayı

hemen hemen hiç hızlandırmaz (ya da çok az hızlandırabilir), yani zihin faaliyeti ek enerji gerektirmez. Kaslar vücut dokularının büyük bir yüzdesini oluşturduğundan, kas faaliyeti ne kadar fazla ise enerji gereksinimi de o kadar fazladır. Örneğin, erişkin bir erkekte yürüme (saatte 5.5 km hızla) ortalama 5.2 cal/dakika; koşma, yokuş yukarı çıkma, v.s gibi ağır egzersizler ise ortalama 20 cal/dakika gerektirir. Günlük hayat faaliyetleri için gerekli olan ek enerji miktarı 500-2500 cal arasında değişir, hatta daha da fazla olabilir. Günlük faaliyetler için ek enerji miktarı ortalama 100 cal olursa, günlük toplam kalori gereksinimi erkekte 2900 cal'ye erişir. Meslekleri gereği günlük çalışma hayatında fazla hareket etmeyen erkekler günde toplam olarak 3000'den az, orta derecede faaliyet gösteren kadınlar da günde toplam olarak yaklaşık 2500 cal'ye gereksinme gösterirler. Günlük toplam kalori gereksinimi, faaliyet derecesi, alınan besin türü, vücut yüzeyi, çevre sıcaklığı, vücut sıcaklığı, cinsiyet ve diğer bazı etkenden başka yaşa da bağlıdır. Örneğin bir çocuk, vücut ağırlığının kg'ı başına aynı faaliyeti gösteren bir erişkinden daha fazla kaloriye gereksinme gösterir. Bu farkın bir nedeni, kg başına vücut yüzeyinin daha fazla olmasından ötürü, çocuklarda bazal metabolizma hızının daha yüksek oluşudur. İkinci neden ise çocukların büyüme için daha fazla enerjiye gereksinim göstermeleridir.

GÜNLÜK BESİNİN İÇERİĞİ

Genellikle günlük besin yaklaşık olarak 500 gr. karbonhidrat (2000 cal), 70 gr. yağ (630 cal), 70 gr. protein (280 cal) içerir ve toplam olarak kabaca 2900 cal sağlar. Vücuda gerekli enerji için

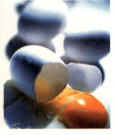

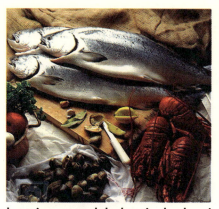

besin maddeleri kalori değerlerine göre birbirlerinin yerini tutabilir. Normal bir beslenme için önemli olan yalnızca, besinin sağladığı toplam kalori miktarı değildir. Besinde protein, yağ ve karbonhidrat gibi üç esas besin maddesinin de bulunması ve bunların uygun oranlarda olması da çok önemlidir. Protein gereksinimi vücutta her türlü proteinin ve diğer azotlu maddelerin sentezlenebilmesi için besinde protein bulunması gereklidir. Bir proteinin beslenme değeri, başka bir deyimle biyolojik değeri, o proteinde bulunan esas amino asitlere ve hatta esas amino asitlerin oranlarına bağlıdır. Vücutta sentezi yeterince yapılamayan ve besinlerle alınması şart olan esas amino asitler, azot dengesinin korunması için gereklidir. Arjinin ve histidin hariç, besinde tek bir esas amino asit yokluğu bile negatif azot dengesi doğurur. Şöyle ki daha önce de belirtildiği gibi, belli bir proteinin sentezi için gerekli olan amino asitlerden herhangi biri eksik olduğunda protein sentezlenemez; senteze girmesi gereken amino asitler, fazla amino asitler gibi amino gruplarından arındırılır ve azotları üre şeklinde çıkarılır. Bu nedenle çıkarılan azot miktarı alınandan fazla olur ve azot dengesi negatife dönüşür. Bazı araştırıcılar tarafından insan için esas amino asit olmadıkları ileri sürülen arjinin ve histidinin besinlerde eksikliği, azot dengesini bozmakla beraber bazı özel belirtilere yol açar. Örneğin, besinlerde arjinin bulunmayışı, seminal

plazmada spermatozoa sayısını azaltır, uzun süren histidin eksikliği ise hemoglobin yapımında bozukluklara yol açar. Fakat insanda tek bir amino asit eksikliğine bağlanabilen bir hastalığın olmadığı sanılmaktadır. Enerji gereksinmesini karbonhidrat ve yağlardan sağlayan 70 kg'lık bir erkeğe, azot dengesini koruyabilmesi için günde en az 40-45 gr protein gereklidir. Fakat bu minimal değer olup, optimal protein miktarının genellikle günde, vücut ağırlığının her kg'ı için 1 gr olduğu kabul edilmektedir. Ağır iş yapanlarda, gebelik ya da emzirme sırasında ve çocuklarda protein gereksinimi daha fazladır. Başlıca protein kaynakları et, balık, süt, yumurta, baklagiller (fasulye, bezelye, mercimek, ceviz, fındık ve fıstıktır. Hayvansal proteinlerin (jelatin hariç) biyolojik değeri yüksek, bitkisel proteinlerinki ise düşüktür ve beslenmede alınan proteinin %50-60'ının hayvansal protein olması önerilir. Gerekli amino asitler hayvansal proteinlerden

sağlanamıyorsa, normal olarak günde alınan bitkisel protein miktarının dört katına gereksinim duyulur. Genellikle bir proteindeki amino asit eksikliğini, diğerinde bulunan tamamlar. Fakat beslenme değeri tek tek eksik olan proteinlerin aynı öğünde

alınması gereklidir. Çünkü bilindiği gibi, amino asitler vücutta depo edilmez ve protein sentezi ancak, proteini oluşturan bütün amino asitler aynı zamanda mevcut ise gerçekleşebilir.

Özetle, karışık besin alınarak biyolojik değer çok arttırılabilir. Proteinlerin spesifik dinamik etkisi yüksek olduğundan, soğuk mevsimlerde besin ile protein alınması özellikle önerilir. Proteinden fakir bir besin ile beslenen insanlar daha çok üşür. Fakat proteinlerin spesifik dinamik etkisini karşılamak için protein ile birlikte karbonhidrat ve yağ da alınmalıdır.

Yağ gereksinimi: Linoleik ve linolenik asitler gibi doymamış yağ asitleri vücutta sentezlenemez, besin ile alınması gereklidir ve bunlara esas yağ asitleri denir. Bu doymamış yağ asitleri, diğer birçok doymamış yağ asitlerinin sentezine ön madde olarak kullanılır. Besinlerdeki yağlar, linoleik ve linolenik yağ asitlerinden başka, yağda eriyen A, D ve E Vitaminlerini de içermeleri ve ayrıca yüksek enerji değerleri nedeniyle önemlidir. Fakat besindeki yağ, içerdiği esas yağ asitleri dışında, vazgeçilmez bir madde değildir. Etlerin bir

çoğu bol miktarda protein ile birlikte yağ da içerirler. Yağlar, gram başına, protein ve karbonhidratların sağladığı kalorinin iki katından fazlasını verdiğinden besindeki az miktardaki yağ ile fazla kalori alınır. Enerji sağlayacak besin miktarı azaltılmak istenildiğinde, günde alınan yağ miktarının azaltılması uygun olur.

Karbonhidrat gereksinimi: Besinde karbonhidratların bulunması enerji için gereklidir. Vücut, lipidleri besinle yeterli derecede karbonhidrat alınmadığı zaman yakar. Öyle ise, besinde karbonhidrat bulunmasının gerekli oluşunun önemli bir nedeni lipid katabolizmasını azaltmak ve böylece ketosisi önlemektir. Ayrıca vücut, protein tercihen de karbonhidratı yaktığından, besinde karbonhidrat bulunur ve enerji için kullanılırsa, proteinler gibi pahalı besinler vücutta yalnız proteinlerin kullanılmasını gerektiren işlere saklanır. Başlıca karbonhidrat kaynakları, tahıl (buğday, mısır, çavdar, yulaf, pirinç, v.s.), patates, yerelması ve şekerlerdir.

Enerji dengesi, beslenmenin düzenlenmesi: Besin ile alınan kalori miktarı enerji tüketiminden az olduğundan

enerji dengesi negatifdir, vücuttaki depo maddeleri kullanılır ve birey kilo kaybeder. Besin yoluyla sağlanan kalori miktarı, enerji kaybından fazla ise enerji dengesi pozitiftir, vücutta enerji depolanır ve birey kilo alır. Alınan besin miktarını, daha doğrusu beslenme doyma ve iştahı düzenleyen merkezlerin Hipotalamusta yer aldığı saptanmıştır. Beslenmenin mekanik yönünü denetleyen merkezler beyin sapında yer alırlar hipotalamusta bir doyma ve beslenme merkezi bulunur bunun dışında beyinde yeme içme ve iştahın kontrolünde rol oynayan merkezler bulunur bu merkezler besin alma ve tokluk duygusu verme şeklinde aktivite göstererek vücut ağırlığını dengede tutmaktadırlar. Diğer bir deyişle, vücut ağırlığı bu merkezlerin aktiviteleri ile etkilenmektedir. Beslenme merkezinin uyarılması besin alınmasının kesilmesine neden olur. Besin almanın veya beslenmenin düzenlenmesinde rol oynayan merkezleri uyarılmasını açıklayan çeşitli mekanizmalar bilinmektedir bunlar glikoz mekanizması kandaki amino asit yoğunluğu vücut sıcaklığı, metabolik olmayan düzeleme, iç organlardaki dolgunluk ve hormonal geri bildirim şeklinde

sıralanabilir. Bu mekanizmaların başlıcası glikoz mekanizmasıdır. Buna göre, beslenme merkezi devamlı olarak aktiftir ve bu merkezin faaliyeti, besin alındıktan sonra doyma merkezinin faaliyeti ile geçici olarak durdurulur. Doyma merkezinin faaliyeti ise esas itibariyle kandaki glikoz düzeyine, daha doğrusu glikozun bu merkezlerdeki hücreler tarafından kullanılma düzeyine bağlıdır. Bu hücrelerin glikozu kullanma düzeyi düştüğünde, faaliyetleri azalır ve bu nedenle beslenme merkezinin faaliyeti durdurulamaz ve birey açlık hisseder. Doyma merkezindeki hücrelerin glikozu kullanma düzeyi yükseldiğinde faaliyetleri de arttığından beslenme merkezi inhibe (engelleme) edilir ve bireyde doyma hissi belirir. İştah düzenlenmesinde bu glikoz mekanizması geçerli olmakla beraber, iştaha etki eden başka etkenler de vardır. Normal bir erişkin insanda iştahı düzenleyen mekanizmalar, besin alınmasını, kazanılan kalorinin harcanan enerjiyi dengelemesini sağlayacak şekilde düzenlenir ve böylece vücut ağırlığı hemen hemen sabit tutulur.

ÜÇÜNCÜ BÖLÜM

TEMEL CİLT BAKIMI, MALZEMELERİ VE YAPIMI

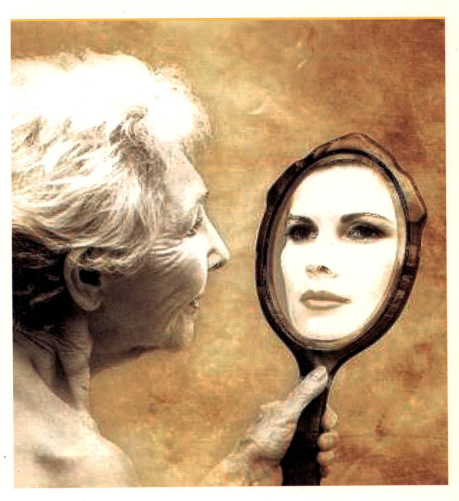

TENİN DİLİ / Prof. Dr. Ertuğrul Aydemir

Bütün vücudumuzu, girinti çıkıntıları da dahil baştan başa saran derimiz, bir buçuk metrekarelik alanıyla en büyük organımız olarak dış dünyayla sınırımızı oluşturur. Bu sınır basit bir duvar, dikenli tel, sarı veya beyaz bir çizgi gibi algılanamaz, çünkü maddi ve manevi anlamda çok özel görevleri olan canlı, yaşayan bir mekanizmadır. Maddi anlamdaki görev ve yetkileri her türlü tıp ansiklopedisinden, internet sayfalarından rahatlıkla herkes tarafından bulunabilir, bu nedenle hiç üzerinde durmuyorum. Oysa derimizin manevi anlamda neler ifade ettiğini şöyle bir düşünmeye başlarsak pek çoğunu bilip de bilincine varmadığımız çok çok özel işlev ve etkileri ve bazı yetkileri de olduğunu görürüz. En yüzeysel organımız olan deri manevi anlamda ise en derin organımızdır. Derimiz beden imajının en belirgin olarak öne çıktığı organımızdır. Birbirimizi derimizin oluşturduğu görüntüyle görür tanır, bu görüntünün oluşturduğu izlenime göre birbirimizi severiz, nefret ederiz, kavgalar, savaşlar çıkarır, kara derili, kızıl derili, soluk benizli diyerek seçme şansımızın olmadığı deri özelliklerimizden dolayı birbirimize kıyarız. Büyük aşklar da derimizin verdiği ilk izlenimlerle başlar ve biter (gözlerin de hakkını yememek gerekir). Derimiz duygularımızın ifadesinde de çok önemli bir işlev görür. Heyecanlanınca, utanınca, kızınca kızarır, korkunca, üzülünce sararır, tuttuğumuz takım yenilince morarırız. Saklamaya çalışsak da duygularımız derimiz aracılığıyla televizyon ekranı gibi çevreye yansımaktadır. Beden algılamamızın en önemli organı olan derimizdeki, hatalar, lekeler, sivilceler, kırışıklar ve akla gelebilecek en küçük kusurlar dahi ruhsal yapımıza olumsuz olarak yansır, kendimize güvenimizi sarsar, ayrıca derimizde oluşan hastalıklar ciddi ruhsal hastalıklara da yol açabildiği gibi, birçok ruhsal hastalık da deride değişik belirtilerle kendini gösterir. Bir görüşe göre de deri, benliğimizin (egomuzun) çevresini saran bir zarf gibidir ve bu zarfın içinde bir takım kirli atıklar, suçlar ve günahların biriktiği ve bunların da zaman zaman kan (kaşıntı sonucu pis kan akması gibi), cerahat, sızıntı, kabuk, kepek vb. şekillerde dışarı atıldığı ve atılamazsa da daha ciddi başka hastalıklara neden olabildiği (hastalığın tepmesi yorumu) şeklinde bu düşünce sistemi uzayıp gitmektedir. Bu görüşün bir devamı olarak da

TENİN DİLİ

deri hastalıkları hastaların önemli bir kısmı tarafından bir çeşit cezalandırılma gibi algılanır. Bu nedenle de deri hastalarının çoğu kendini suçlu, itilmiş, toplumdan dışlanmış hissederler.

Derinin çok önemli bir başka görevi ise diğer insanlarla olan ilişkilerimizde çok önemli bir yer tutan dokunmadır. Dokunma sevgi ve şefkatin en güzel ifadesidir, güven huzur, rahatlık verir ve dokunan için olduğu kadar dokunulan için de olağanüstü doyurucudur. Yalnız insanlar için değil, birçok hayvan türü için de dokunma aynı anlamı ve önemi taşır. Bunun en önemli şeklini ebeveynlerle çocuklar arasında, özellikle de anne ve çocuklar arasında görmekteyiz. Bu değinme özellikle çocuklar için güven ve huzur anlamına gelir ve bu değinmenin eksikliği de ciddi bazı ruhsal hastalıklara yol açabilir.

Deri cinsel uyarıların ve cinsel zevklerin de önemli kaynağıdır ve burada görüntünün önemi yüksek olmakla birlikte dokunma ön plandadır ve işin aslını oluşturur. Bazı deri belirtilerinin de erotik anlamları olduğu düşünülür, örneğin kaşıntının otoerotik bir olay olup, hem masturbasyon karşılığı bir zevk veren yanı ve hem de biraz mazohistik sayılabilecek eziyetli yanı vardır. Yıllar önce poliklinikte gördüğüm bir erkek hastam ayak parmaklarındaki mantar hastalığına bağlı kaşıntının üç cinsel birleşmeye eşdeğer zevk verdiğini ifade etmişti, doğal olarak hastayı bu zevkinden yoksun bırakmamak için tedavi etmedim!

Deri aynı zamanda ağrı ve bedensel ceza kavramının da en önemli başlangıç noktalarındandır. Dokunmanın, yukarda konuştuklarımızın tam aksine taciz, meydan okuma, aşağılama, hakaret gibi algılanabileceği durumlar da söz konusudur ve toplumsal ilişkilerde deri temasımızın derecelerini ayarlamak çok ince bir sanat işidir.

Özetle deri ve ekleri olan saçlar ve tırnaklar, insan hayatında çok önemli yer tutan, beden algılamasının odağı olan, ruhsal durumumuzu, insan ilişkilerimizi önemli ölçüde etkileyen bir organımızdır ve biz derimizin kıymetini bilmeli, korunma ve bakımını ihmal etmemeliyiz.

Prof. Dr.
Ertuğrul H. Aydemir

TEMEL CİLT BAKIMI

Günümüzde güzellik şahane bir yüz, tüm hatları ve ölçüleri mükemmel bir vücut anlamına gelmez. Güzellik başkalarına benzeme özentisi de olmamalıdır. Aslolan kendin olmak ve özel, ışıltılı, sağlıklı ve canlı olabilmektir. Güzelliğine özen göstermek isteyen bir kişi; hayatın farkında, teknolojiyi takip edip, yaşamına hareketlilik getirmek zorundadır. Çünkü kusurları çabucak kapatacak geçici yöntemler yerine, devamlı, kusursuz ve güzel hissetmek için uzun vadeli kalıcı planlar yapılmalıdır. Güzellik başlı başına bir bilimdir. Cildin esnekliği ve sıkılığını Elastin ve kolojen liflerine borçluyuz. Genç deride bu liflerin dengesini elastaz ve kollajenoz enzimleri sağlar. Bu sayede cilt esnek ve sıkıdır. Yaşlandıkça bu dengeler bozulur.

Doğal maskeler cildinizi ve hücreleri canlandırır. Cilt vücudun en büyük organıdır. 2 mm kalınlığındaki cilt ortalama 3 kg ağırlığındadır. Kendisine özgü güçlü çalışmalarla dolu bir yaşayışı vardır. Cilt koruyucu bir örtü sayılabilir. Vücudu bakterilerden, kimyasal maddelerden, yabancı cisimlerden korur. Soluk alır; kan damarları, yağ bezi kanalları, sinirleri, kıl kesecikleri vardır. Vücuda inen darbeleri engelleyen bir tampondur, dış dünyayla ilişkimizi sağlar. Dış etkenlerden yıpranan cildin her zaman bakıma ihtiyacı vardır. Cildin bakımı için gerekli malzemeler cildin türüne bağlıdır. Cildin türü de, dokusundan, renginden, durumundan meydana gelir. Beş tip cilt vardır:

* Yağlı cilt
* Kuru cilt
* Normal cilt
* Karma cilt
* Hassas cilt

Cildin bakımı için iyi beslenme, bol su, temiz hava, egzersiz, uyku, stresten uzak durmak gerekir.

TEMEL CİLT BAKIMI

Cildinizi Güneşten Koruyun!
Cildin yaşlanmasının en büyük sebebi güneştir. Aslında güneşten korunmak için her gün bir koruyucu kullanılmalıdır.

Cildinizi aşırı sıcak ve aşırı soğuktan koruyun!
Aşırı sıcak ve soğuk havalarda cildiniz çok gerekli olan nemini kaybedip kuruyacaktır. Özellikle kış ve yaz aylarında, cilt tipiniz için uygun nemlendiricileri mutlaka uygulayın.

Sigara içmeyin!
Sigara cildin ihtiyacı olan oksijeni azalttığı gibi, cildin kendini yenilemesini de engeller. Cildin solgun ve istenmeyen bir görünüm almasına neden olur.

Cildinizi derin temizleyin!
Bazı yaşı ilerlemiş bayanlar, cildi kurutacağı ve kırışıklıkları arttıracağı düşüncesiyle cilt temizliği yapmaktan kaçınırlar. Bu yanlıştır. Cildinize pamukla uygulayacağınız bir temizleyici krem, eğer cildiniz kuru ise yağlı bir kremle cilde masaj yapılması ve birkaç dakika cildin üstünde kaldıktan sonra bol suyla yıkanması yeterli olacaktır.

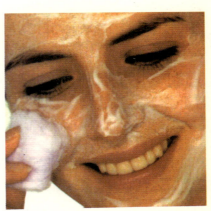

Cildinizi derin nemlendirin!
Günlük bakımın yanısıra hiç değilse haftada bir, maske veya nemlendiricinizi bol

TEMEL CİLT BAKIMI

Sağlıklı beslenin!
Vücudunuz için uygulayacağınız sağlıklı beslenme programı, cildiniz için de uygundur. Bol sebze ve meyve, bol lifli tahıllar, az yağlı az şekerli ve az tuzlu besinler tercih edilmelidir.

Bol su için!
Cildiniz sürekli nemli kalmalıdır. Bunu da ancak su içerek sağlayabilirsiniz.

miktarda kullanarak, cildinizi beş on dakika nemlendirmeye bırakın. Kremin fazlasını temiz bir kağıt yardımıyla alın.

Cildinizde kan dolaşımını hızlandırın!
Uygun kremlerle cildinize masaj yaparak, ciltteki ölü derinin atılmasını sağlayabilir ve kan dolaşımını hızlandırabilirsiniz. Bu, cildinizin yenilenmesine ve pürüzsüz bir görünüm kazanmasına yardımcı olacaktır.

Yaz aylarında...
Bol sıvı (su, meyve suyu, ayran, maden suyu gibi) alın. Aşırı yağlı yemek ve kızartmalardan uzak durun. Meyve ve sebze yemeklerine ağırlık verin.

Uçuk: Güneşe çıkmadan önce yüksek koruyucu faktörlü bir krem kullanın. Su toplayan yaraları asla patlatmayın.

Sonbaharda...
Cildiniz kuruysa baharat kullanmayın. Bol bol su için, salata ve sebzeye ağırlık verin. Yüzünüzü belli

TEMEL CİLT BAKIMI

aralıklarla maden suyu ile yıkayın. Mineral ve tuzları derinize nüfus ettirmiş olursunuz. Duşa girmeden önce badem yağı ile masaj yapın.

Kış aylarında...
E ve C vitamini içeren besinler tüketmeye özen gösterin. Ispanak, marul, semizotu gibi yeşil sebzeleri çiğ olarak tüketin. Haftada bir gün yalnızca iki, üç litre sıkma meyve suyu içerek temizlenme kürü yapın. Açık havaya çıkarken cildinize bitkisel yağlar (susam, kayısı yağı gibi) veya nemlendirici kremler kullanın.

İlkbahar aylarında...
Bitkisel yağlarla vücudunuza masaj yapın. Sabah aç karnına, iki bardak ılık su için ve beyaz ekmek yerine kepek ekmek tüketin. Dengeli beslenin. Karbonhidrat tüketimini azaltın. Günde en az 2.5 litre su için.

TEMİZLEME SÜTÜ VE FORMÜLLERİ

Yüzdeki gözeneklere dolan kirleri, makyajı, cildin doğal yapısını bozmadan temizlemek gerekir. Bunun da en kolay ve ucuz yolu, kendi evimizde hazırlayacağımız doğal malzemelerden yapacağımız karışımlardır. Temizleme sütünü parmaklarınızla ve yuvarlak hareketlerle sürünüz.

Malzeme:

* 1 adet salatalık
* 25 gr. badem yağı

Uygulama:
İyice yıkanan salatalık kabukları soyulmadan rendelenir. 15 dakika kaynatılır ve süzülür. Üzerine badem yağı ilave edildikten sonra cilt silinir. (Hazırlanan karışım, kapalı bir şişede buzdolabında muhafaza edilir).

TEMİZLEME SÜTÜ VE FORMÜLLERİ

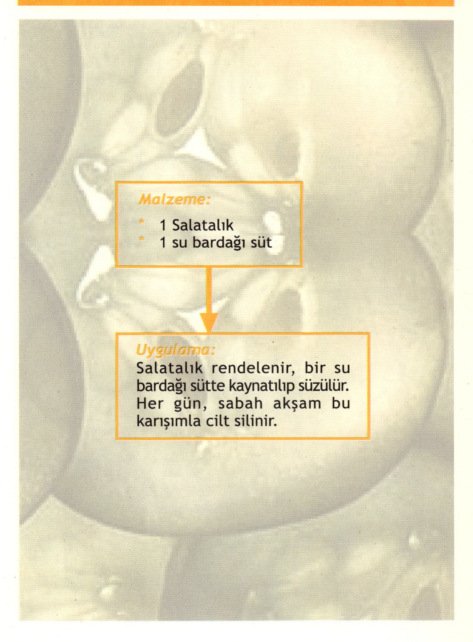

Malzeme:

* 1 Salatalık
* 1 su bardağı süt

Uygulama:
Salatalık rendelenir, bir su bardağı sütte kaynatılıp süzülür. Her gün, sabah akşam bu karışımla cilt silinir.

TEMİZLEME SÜTÜ VE FORMÜLLERİ

Malzeme:

* 500 gr. inek sütü
* 500 gr. saf alkol

Uygulama:

Süt kaynatılmadan alkolle karıştırılır ve cilt bu karışımla silinir. Karışımın lekeleri de azaltan özelliği vardır. (Hazırlanan karışım, kapalı bir şişede buzdolabında muhafaza edilir).

TEMİZLEME SÜTÜ VE FORMÜLLERİ

Malzeme:

* 1 adet pırasa
* 1 çay kaşığı bal
* Süt

Uygulama:
Pırasanın beyaz kısımları rendelenir, suyu sıkılıp başka bir kaba dökülür. Bir çay kaşığı bal ilave edilip karıştırılır ve cilde sürülür. 30 dakika bekletip çiğ süte batırılmış pamukla temizlenir.

TEMİZLEME SÜTÜ VE FORMÜLLERİ

Malzeme:
* 1 bardak çiğ süt
* 2 yemek kaşığı yulaf unu
* 2 yemek kaşığı alkol

Uygulama:
Tüm malzemeler karıştırılır ve cilt bu karışımla temizlenir.

TEMİZLEME SÜTÜ VE FORMÜLLERİ

Malzeme:
* 1 kahve fincanı yağlı süt
* 2 çorba kaşığı sarı papatya

Uygulama:
İçerisine su konulan bir tencerenin üzerine başka bir tencere konur. Malzemeler üstteki tencerede karıştırılıp kısık ateşte ısıtılır. Sütün üzerinde kaymak oluşmadan ocaktan alınıp iki saat dinlendirilir. Karışım süzüldükten sonra cilt silinir. (Hazırlanan karışım, kapalı bir şişede, buzdolabında bir hafta muhafaza edilir).

TEMİZLEME SÜTÜ VE FORMÜLLERİ

Malzeme:
* 1 limon suyu
* 1 tatlı kaşığı gliserin
* 50 gr. içme suyu

Uygulama:
Limon suyu, gliserin ve su karıştırılır. (Hazırlanan karışım, kapalı bir şişede, buzdolabında bir hafta muhafaza edilir).

TONİK

işlem genellikle tonikle ve maskelerle yapılır. Toniği temiz bir makyaj temizleyiciye dökün ve cildinize hafif hafif masaj yaparcasına uygulamaya geçin.

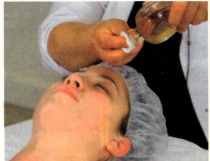

Tonikleme işlemi cilt temizlendikten sonra yapılır. Tonikleme işlemi ile ciltte kalmış, kir, yağ ve temizleyici kalıntıları temizlenir ve cild tazelenir. Tonikleme temizleyicinin ardından yapılır. Geride kalmış olan bütün kir ve yağları çıkartır. Canlandırma işlemi sonunda cilt daha canlı ve parlak görünüm kazanır. Yüzün gençleşmesi, kan dolaşımının hızlanarak çalışması, besinlerle oksijenin yüz üstündeki dokulara erişmesi için cildi canlandırmak gerekir. Bu

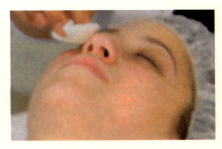

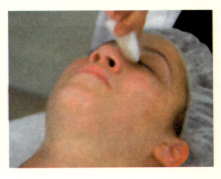

TONİK

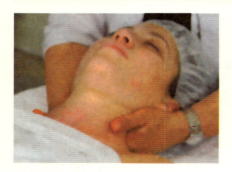
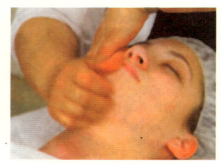

Toniğin içerisindeki bitkiler cildin rahatlamasını sağlayacağından dolayı, toniklemenin ardından yapacağınız masajın etkisi de artacaktır. Hazırladığınız tonikten birkaç damla pamuğa damlatıp, silmeden tamponlayarak cildinize uygulayınız. Toniklemeden sonra yüzünüze maden suyu püskürtün ve kağıt mendille tamponlayarak kurutun. Sonra nemlendiricinizi uygulayabilirsiniz.

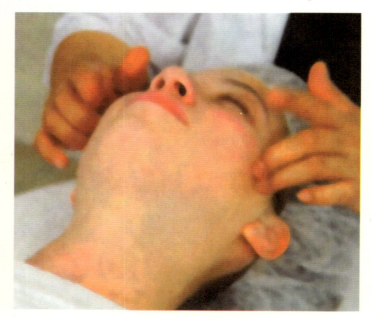

TONİK FORMÜLLERİ / Karma ciltler için

Malzeme:

* Lavanta
* Melisa
* Papatya
* Hatmi çiçeği
* ½ fincan saf alkol
* İçme suyu

Uygulama:

Kaynamış suyun içine birer tutam lavanta, melisa, papatya ve hatmi çiçeğini atılır 15-20 dakika demlenmesi beklenir. Demlendikten sonra temiz bir kaba süzülür. Karışıma yarım kahve fincanı saf alkol eklenir. (Hazırlanan karışım, kapalı bir şişede buzdolabında muhafaza edilir).

TONİK FORMÜLLERİ

Malzeme:
* Bir tutam papatya
* 500 gr. su

Uygulama:
Papatya suda pişirilir ve buz kabına boşaltılıp dondurulur. Her gün cilde kompres yapılır. Sıkıştırıcı özelliği vardır ve sarkmayı önler.

TONİK FORMÜLLERİ

Malzeme:
* 1 demet dere otu
* 25 gr. badem yağı
* 1 şişe maden suyu

Uygulama:
Dere otu yıkanıp mikserde çekilir. Bir kapak badem yağı ve maden suyu ilave edilir. Karışım buz kabına konulup dondurulur. Her gün cilde kompres yapılır. Cildiniz daha sağlıklı, daha parlak ve canlı olacaktır.

TONİK FORMÜLLERİ

Malzeme:
* 1 demet maydonoz
* 1 limon
* 1 çay bardağı su

Uygulama:
Maydonozlar mikserden geçirilir. Su ve limon da ilave edilip buz kabında dondurulur. Her gün cilde kompres yapılır.

TONİK FORMÜLLERİ

Malzeme:
* 3 limon suyu
* 1 salatalık suyu
* 1 portakal suyu
* 2 çorba kaşığı alkol
* 1 kapak badem yağı

Uygulama:
Malzemeler karıştırılır ve sabah akşam bu karışımla cilt silinir. Sıkıştırıcı özelliği vardır. (Hazırlanan karışım, kapalı bir şişede, buzdolabında bir hafta muhafaza edilir).

TONİK FORMÜLLERİ

Malzeme:
* Okaliptüs
* Papatya
* Hatmi çiçeği
* Lavanta çiçeği
* 2 kapak gül suyu

Uygulama:
Bir litre kaynamış suya birer tutam bitki atılıp 15 dakika demlenir, gül suyu ilave edilip cilt silinir. Sıkıştırıcı özelliği vardır.

TONİK FORMÜLLERİ

Malzeme:
* Gelincik
* Mavi kantoron
* Ebegömeci
* Ada çayı
* Siyah çay

Uygulama:
Malzemelerden birer tutam alınır, karıştırılarak kaynatılır, süzülür ve cilt silinir.

TONİK FORMÜLLERİ

Malzeme:
* Kuşburnu
* Su

Uygulama:
Kuşburnu çay gibi demlenip cilt silinir. Cildi sıkıştırma özelliği vardır.

TONİK FORMÜLLERİ / Hassas ciltler için

Malzeme:
* 1 fincan gül suyu
* Bir tutam hatmiçiçeği
* Bir tutam ebegömeci
* Alabildiği kadar saf su

Uygulama:
Malzemeler kaynatıldıktan sonra süzülür. Gül suyu ilave edilir ve cam şişeye konur. Her gün cilt silinir.

TONİK FORMÜLLERİ

Malzeme:
* Biberiye
* Gül suyu

Uygulama:
Bir çorba kaşığı biberiye, 300 ml gül suyunda karanlık bir köşede saklanır. Bununla her akşam cilt temizlenir.

TONİK FORMÜLLERİ

Malzeme:
* Bir tutam ıhlamur
* Bir tutam kekik
* Bir tutam ada çayı
* Bir kapak gül suyu
* Bir kapak alkol

Uygulama:
Bitkiler 15 dakika kaynatıldıktan sonra süzülür. Gülsuyu ve alkol de ilave edilip cilt silinir.

TONİK FORMÜLLERİ

Malzeme:
* Limon
* Su

Uygulama:
Limon kabukları rendelenir ve kaynar suda 24 saat bekletilir. Süzdükten sonra bu karışımla cilt silinir.

TONİK FORMÜLLERİ

Malzeme:
* Meşe kökü
* Su

Uygulama:
Meşe kökü kaynatılıp süzülür. Suyu ile cilt silinir. Meşe kökünün antiseptik özelliği vardır.

TONİK FORMÜLLERİ

Malzeme:
* 4 yemek kaşığı gül suyu
* 4 yemek kaşığı gliserin
* 4 yemek kaşığı aloevera jeli
* 118 ml. su

Uygulama:
Malzemeleri karıştırın ve bu karışımla cildinizi silin. Kullanmadan önce çalkalayın.

TONİK FORMÜLLERİ / Kırışıklar için

Malzeme:
* 1/2 lt. ılık su
* 1 tatlı kaşığı karbonat

Uygulama:
Su ve karbonat karıştırılır. Pamukla, cilt silinerek uygulanır.

NEMLENDİRİCİ FORMÜLLERİ

Nemlendirme, çevrenin yol açtığı buharlaşma etkilerinin önlenmesine yardımcı olur. Nemlendirici cildi düzgünleştirir dolgunlaştırır, aralardaki boşluklara da dolarak makyaj için iyi bir zemin de hazırlar.

NEMLENDİRİCİ FORMÜLLERİ

Malzeme:
* 1 tatlı kaşığı balmumu
* 1 çay kaşığı lanolin
* 1 çorba kaşığı badem yağı
* ½ çay kaşığı buğday özü yağı
* ½ çay kaşığı boraks
* 3 çorba kaşığı gülsuyu
* 6 damla gül yağı

Uygulama:
Lanolin ile balmumu karıştırılarak eritilir. Yağlar ılıtıldıktan sonra mumlara karıştırılır. Boraks ılık ılık gül suyunda eritilir ve diğer karışıma ilave edilir. Karıştırılarak soğutulur ve gül yağı ilave edilir. Bir cam kavanozda muhafaza edilerek kullanılır.

NEMLENDİRİCİ FORMÜLLERİ / Kuru ciltler için

Malzeme:
* 1 paket talk pudrası
* 1 çay bardağı zeytinyağı
* 1 çay kaşığı boraks
* 1 lt. içme suyu

Uygulama:
Suya zeytinyağı eklenip kısık ateşte 4.5 saat kaynatılır. Kaynamış karışım cam kaseye alınır, içine talk pudrası, boraks ekleyerek karıştırılır. Karışım kek hamuru kıvamına gelince, üzerinde kalan fazla su başka bir kaba süzülür. Nemlendiriciniz kullanıma hazırdır.

NEMLENDİRİCİ FORMÜLLERİ

Malzeme:
* 2 çay kaşığı balmumu
* 2 tatlı kaşığı mum
* 1 çorba kaşığı lanolin
* 2.5 tatlı kaşığı avokado yağı
* 1 tatlı kaşığı buğdayözü yağı
* ½ tatlı kaşığı gliserin
* 4 çorba kaşığı gülsuyu
* ½ çay kaşığı boraks tozu
* 6 damla portakal yağı

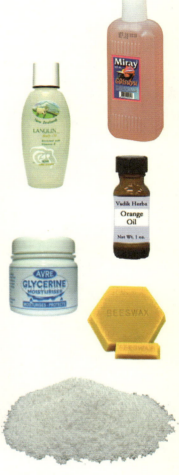

Uygulama:
Benmari usulü, balmumu ve mum lanolin ısıtılır. Avakado, buğday özü yağı, gliserin ayrı ayrı kaplarda çırpılır ve ısınan mumlara karıştırılır. Boraks gül suyunda ısıtılarak eritilir, diğer malzemelerle birlikte soğuyana ve kalınlaşıncaya kadar karıştırılır. Soğuyunca portakal yağı ilave edilir ve cam şişede muhafaza edilir.

NEMLENDİRİCİ FORMÜLLERİ

Malzeme:
* 2 yemek kaşığı soya yağı
* 2 yemek kaşığı badem yağı
* 1 yemek kaşığı kakao yağı
* 1 yemek kaşığı bal mumu
* 2 yemek kaşığı portakal çiçeği suyu
* 1 çay kaşığı boraks
* 5 damla naroli yağı

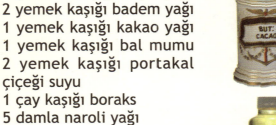

Uygulama:
Badem, soya ve kakao yağı eritilir. Balmumu eritilir ve yağlara eklenir. Portakal çiçeği suyu ısıtılır, içinde boraks eritilip karışıma eklenir ve soğumaya bırakılır. Karışım koyulaşmaya başlayınca naroli yağı eklenir ve soğuyunca kavanoza konulur.

NEMLENDİRİCİ FORMÜLLERİ

Malzeme:
* Havuç
* Zeytin yağı
* Limon

Uygulama:
Havuç rendelenir. İçine zeytinyağı ve limon ilave edilip yenir. Vücuda çok faydalıdır. Bağırsakları düzene sokar ve cildin nemli olmasını sağlar.

NEMLENDİRİCİ FORMÜLLERİ

Yağlı cilt için
Malzeme:
* 1 tatlı kaşığı bal mumu
* 2 tatlı kaşığı mum
* 8 tatlı kaşığı fındık yağı
* 4 tatlı kaşığı avokado yağı
* ½ çay kaşığı boraks
* 2 çorba kaşığı ısırgan otu demlenmiş
* 4 damla sedir ağacı öz yağı

Uygulama:
Mumlar eritilir, yağlar ısıtılır. Yavaşça çırparak boraks ve mikserde eritilen taze ısırgan otu ilave edilir.
Soğuduktan sonra sedir ağacı yağı ilave edilir ve karıştırıp cam kavanoza konulur. Buzdolabında dinlendirilip 2 gün sonra temiz cilde uygulanır.

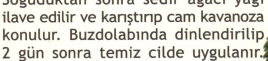

PEELİNG (YÜZ TEMİZLİĞİ)

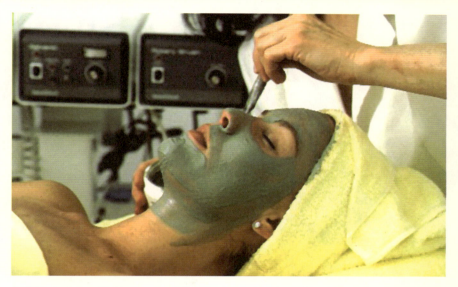

Cildinizin sağlığı, gençliği ve güzelliğinin ilk koşulu temizlikten geçiyor. Temiz bir cilt dengeli ve kirlerden tamamen arındırılmış, rahat nefes alan bir cilttir. Bu da renginden, pürüzsüz dokusundan ve ışıltısından belli olur. Cildi ölü hücrelerden, biriken yağlardan ve siyah noktalardan arındırmak için, derin temizlik yapmalısınız. Bunu peeling, buhar banyosu veya maskelerle gerçekleştirebilirsiniz. Peeling ile ölü hücreleri temizlemek, cildi su buharına tutmak ve siyah noktaları temizlemek ve son olarak da cildin ihtiyacına göre yoğun nem veren, canlandıran, besleyen bir maske uygulamak çok zamanınızı almayacaktır. Peeling işlemi çok hassas ciltler için sakıncalı olabilir. Bu tipte ciltler için daha yumuşak temizleme yöntemleri uygulanabilir. Burada dikkat etmeniz gereken temel bir nokta peeling işleminden hemen sonra güneşe bir süre çıkmamanızdır.

PEELİNG UYGULAMASI

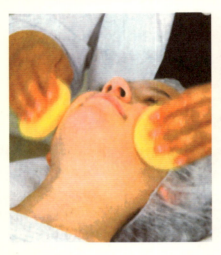

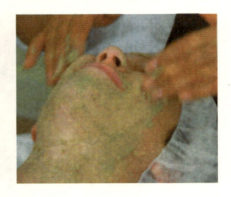

Yüzünüze temizleme sütü uygulayın. Temiz süngeri saf suya batırıp nemlendirerek yüzünüzde kalan süt artıklarını temizleyin. Hazırlamış olduğunuz Peeling kremini tahta bir kaşık yardımıyla yüzünüze ve dekoltenize yayın. Cildin, kremin nemini alabilmesi için bir süre bekleyin. Cilt nemi alınca hafifçe kas yönünde dairesel hareketlerle ovalamaya başlayın. Sert hareketlerden kaçının çünkü cildiniz çok hassastır. Hafifçe bir süre ovalamaya devam edin. Boyun bölgenizi ovalamayı ihmal etmeyin. Peelingin kese

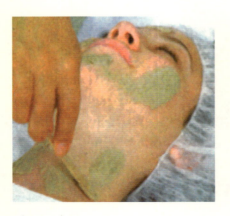

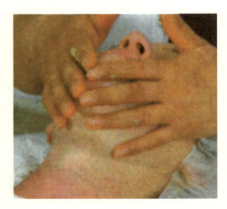

PEELİNG UYGULAMASI

işleminden farkı yoktur. Keseleme olayı da ölü hücreleri vücudumuzdan atmamızı sağlar. Ovaladıkça aynı, kesede olduğu gibi ölü hücrelerin yüzünüzden döküldüğünü ve alttan canlı derinin meydana çıktığını göreceksiniz. Ölü hücreler atıldıktan sonra temiz bir süngerle fazlalıkları alın. Cildin dokusu peelingle daha güzelleşecektir. İncelen cilt daha düzgün olur, göze daha şeffaf görünür, rengi de daha açılır. Renk yüzün her yerinde aynı olur, gözenekler daha küçük durur. Bu işlemin başka büyük bir yararı da şudur: kuru, sert yüzey hücreleri giderildikten sonra üstderi nemlendiriciyi daha kolaylıkla kabul eder.

PEELİNG FORMÜLLERİ

Malzeme:
* 1 tatlı kaşığı mısır unu
* 1 tatlı kaşığı öğütülmüş pirinç
* 1 tatlı kaşığı kil, toz olarak
* 1 tatlı kaşığı nemlendirici krem
* Bir miktar içme suyu

Uygulama:
Mısır unu ve pirinç toz haline gelinceye kadar blendırda parçalanır. 120 derece fırında ısıtılmış, mikrobu alınmış kil, karışıma eklenir. Daha sonra nemlendirici ve su ilave edilip karıştırılır. (Boza kıvamına gelinceye kadar)

PEELİNG FORMÜLLERİ

Malzeme:
* 1 kahve fincanı yulaf ezmesi
* 2.5 çay kaşığı bal
* 1 tatlı kaşığı elma sirkesi
* ½ tatlı kaşığı sıcak su

Uygulama:
Malzemeler karıştırılır ve cilde uygulanır. Cilde uyguladıktan sonra 15 dakika beklenir ve yumuşak nemli bir bezle ovarak çıkarılır. Bol su ile yıkanmalıdır.

PEELİNG FORMÜLLERİ

Malzeme:
* 50 gr. mercimek
* 50 gr. pirinç
* 50 gr. yeşil kil
* 25 gr. krem
* Az su

Uygulama:
Karıştırılarak cilde veya vücuda uygulanır. Ovarak yavaşça çıkarılır, ardından maske ve E vitamini ile bitirilir. Kese gibi arındırıcı özelliği vardır. Cildinize porsenel görünüm kazandırır.

PEELİNG FORMÜLLERİ

Malzeme:
* Bir tutam papatya
* Bir tutam mürver çiçeği
* Bir tutam at kestanesi
* Bir tutam yeşil kil
* ½ litre gül suyu
* 500 gr. mısır unu

Uygulama:
Otlar gül suyunda 5 dakika kaynatıldıktan sonra soğutulur. Başka bir kapta mısır unu ve yeşil kil karıştırılır.
Krem haline getirilir. Yüze ve vücuda uygulanıp
15 dakika bekletildikten sonra ovarak çıkarılır.

PEELİNG (VÜCUT TEMİZLİĞİ)

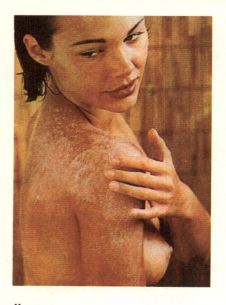

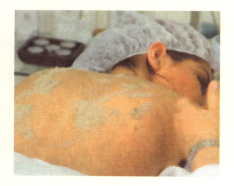

Özellikle kan dolaşımını arttırmak için peeling son derece faydalıdır. Vücut temizliğini yaparken uygulamanız gereken yol cildinize uyguladığınız yolla aynıdır. Yüzünüz için kullandığınız peelingi vücudunuza da uygulayabilirsiniz. Vücudunuza yetecek kadar peeling kremi hazırlayın. (Vücudunuza peeling uygulamak için birinden yardım almanız şinizi kolaylaştıracaktır.)

Peeling kremini bir tahta kaşık yardımıyla azar azar vücudunuza sürün. Sürdüğünüz kremi ellerinizle vücudunuza yayın. Daha sonra ovalamaya başlayın. Ovalama yine kas yönünde yapılırsa daha uygun olur. Ovaladıkça ölü derinin, kese işleminde olduğu gibi döküldüğünü göreceksiniz. Ölü derinin

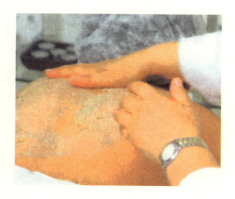

PEELİNG (VÜCUT TEMİZLİĞİ)

tamamı atılıncaya kadar ovalama işlemine devam edin. Dirsekleriniz her zaman diğer yerlere nazaran daha serttir, bu kısımlara daha fazla özen göstermeniz faydalı olacaktır. Ölü deri tamamen atıldığında gözenekler açılacak, cildiniz kirlerden yağlardan arınmış olacak, canlanacak ve kan dolaşımınız hızlanacak, daha sağlıklı bir görünüm kazanacaksınız. Vücuda peeling işlemini ayda bir periyodik olarak uygularsanız cildiniz daha uzun süre genç ve sağlıklı kalacaktır. Mevsim şartlarına göre cildi koruma yöntemleri farklıdır.

PEELİNG (VÜCUT TEMİZLİĞİ) FORMÜLLERİ

Malzeme:
* 1 yemek kaşığı toz şeker
* 1 yumurta akı

Uygulama:
Yumurta akı iyice çırpılır. Beyazlayınca içersine şeker ilave edilip yüze veya vücuda sürerek uygulanır ve ciltten ovarak çıkarılır. Cildinizin ne kadar pürüzsüz olduğunu göreceksiniz.

PEELİNG (VÜCUT TEMİZLİĞİ) FORMÜLLERİ

Malzeme:
* 25 gr. deniz tuzu
* 50 gr. badem yağı
* 1-2 damla bitkisel koku

Uygulama:
Gerektiği miktarda deniz tuzu havanda dövülerek parçalanır. Daha sonra kıvamı tutturacak kadar badem yağı tuza yedirilir. Zevke uygun bitkisel bir kokudan birkaç damla damlatılır. Hazırlanan peeling karışımı, küçük parçalar halinde el ile vücuda yayarak uygulanır. Uygulamadan sonra cildi kas yönüne doğru ovarak cilt ölü hücrelerden temizlenir.

BUHAR BANYOSU

Peeling yaparak cildinizdeki ölü deriyi attınız. Şimdi sıra buhar banyosunda. Buhar banyosu bir canlandırma usulüdür. Buhar, gözeneklerin açılarak kirlerin, yağların dışarıya atılmasına yardım eder. Hem buhar sayesinde cilt terler, kan dolaşımı hızlanır. Hassas ciltler, yüzlerinde çatlamış kılcal damarlar olanlar buhar banyosu yapmamalıdırlar. Evde yapılan buhar banyolarında, kaynatılan suya şifalı bitkiler atmak daha iyi sonuç verir. Saçlarınızı bağlayın. İyice kaynayıp buharı çıkan suyu büyük bir kaptaki şifalı bitkilerin üzerine dökün. Başınızın üstüne büyük bir havlu tutun. Yüzünüzü kaba doğru eğin. 10 dakika kadar yüzünüzü buhara tutun. Kurulayın. Bu işlemden sonra yüzünüzdeki siyah noktaları ve yağları temizlemeniz çok kolay olacaktır. Elleriniz ne kadar temiz olursa olsun siyah noktaları temizlemek için, yine de siz temiz bir peçeteyi parmaklarınıza sararak işlem yapın. Dikkat edilmesi gereken diğer nokta da siyah noktalarınızı sıkarak değil deriyi gererek çıkarın. Alın

BUHAR BANYOSU

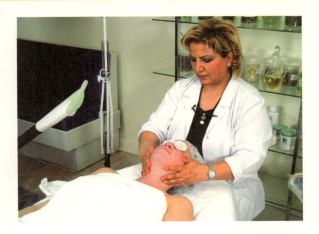

bölgesindeki sivilcelerinizi sıkmayın. Bu bölgedeki hassas damarlar direkt beyinle ilişkide olduğu için son derece sakıncalıdır. Buhar banyosu sırasında pamukla gözlerinizi kapatmanız, hassas derinin zarar görmemesi açısından önemlidir. Ciildi kirlerden, yağlardan ve siyah noktalardan arındırdıktan sonra artık tonikleme işlemine geçebiliriz.

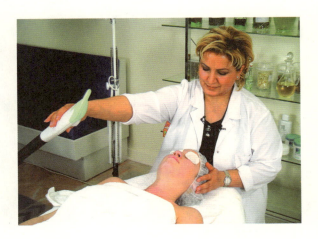

DETOKS

Detoks; vücudu zararlı tuzlardan, kireçten ve bir takım zararlı asitlerden arındırmak için uygulanan yöntemdir. En az altı ayda bir uygulanması gerekmektedir.

(Sabah)
Malzeme:
2 yemek kaşığı pirinç
1 yemek kaşığı bal

Uygulama:
Pirinç akşamdan suya konulur, sabah yıkadıktan sonra kahve pişirir gibi pişirilir. Pirincin nişastasının kalmaması için üç gün üst üste aynı işlem pirince uygulanır. Dördüncü günü tam pişirilip süzülür. Bal da ilave edildikten sonra sabah aç karnına yenir. 2 saat süreyle hiçbirşey yenmemelidir.

(Ara öğün)
7 adet kayısı

(Öğlen)
Zeytinyağlı yemek tercih edilmelidir.

(Akşam)
Salata ve meyve
İlk 15 günde et, balık, tavuk ve süt ürünleri alınmamalıdır.

DÖRDÜNCÜ BÖLÜM

PROBLEMLİ CİLTLER

Ciltte olan problemlerin birçoğu içten gelir. Mesela; hazımsızlık yüzde yağ yapar ve buna bağlı olarak da yüzde ve vücutta sivilce ve akne oluşur. Lekeler de genellikle karaciğer ve mide problemleri olan kişilerde olur. Bunları engellemek için dengeli beslenmeli, bol su içilmeli ve hormonsuz, sentetik madde içermeyen gıdalarla beslenilmelidir.

HASSAS CİLTLER

Malzeme:
* 1 tutam lavanta
* 1 litre kaynatılmış su

Uygulama:
Lavanta çay demler gibi demlenir ve süzülür. Çıkan suyun içerisine küçük bir havlu batırılır ve yüze kompres yapılır. Cildinizin ne kadar sakinleştiğini göreceksiniz. Bu uygu-lama papatya ile de yapılabilir

SİVİLCELİ CİLTLER

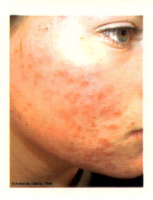

Biliyoruz ki; sivilceler her yaşta birçok insana sorun olmuştur. Daha sağlıklı ve güzel bir cilde kavuşmanın en güzel yolu yine doğadan geçiyor. Sivilceleri yok etmek için beraber bu basit formülü hazırlayalım.

Malzeme:
* 100 gr. alkol
* 6 adet aspirin

Uygulama:
Aspirinler ezilir ve alkolle karıştırılıp 3 gün bekletilir. Bu karışımla cilt her gün silinir.

SİVİLCELİ CİLTLER

Malzeme:
* Meşe kökü
* Kokulu yonca
* Sarı sabır
* 1 lt. su

Uygulama:
Bitkilerden birer tutam alınıp suda kaynatılır, süzülür ve cilt silinir.

SİVİLCELİ CİLTLER

Malzeme:
* Bir tutam biberiye otu
* Bir tutam ada çayı
* 1 fincan saf alkol

Uygulama:
Biberiye otu ve ada çayı kaynamış suya atılarak demlendikten sonra 15-20 dakika bekletilir. Temiz bir kaba süzülür ve içerisine saf alkol ilave edilerek karıştırılır. Temiz pamuk ya da bezle cilde uygulanır.

SİVİLCELİ CİLTLER

Malzeme:
* Bir tutam reyhan otu
* 1 limon suyu

Uygulama:
Reyhan otu toz haline getirilip, limon suyu ile boza kıvamına getirilir, yaralara veya sivilceye dezenfekte ettikten sonra serpilir. Neticesi çok iyi oluyor.

SİVİLCELİ CİLTLER

Malzeme:
* Taze ceviz

Uygulama:
Taze cevizin yeşil kabuklarının suyun çıkarılırarak sivilce üzerine uygulanır.

SİVİLCELİ CİLTLER

Malzeme:
* ½ limon
* Bir tutam menekşe
* 7-8 adet acı bakla
* ½ lt. su

Uygulama:
Karıştırılır suda haşlanıp süzülür. Yarım limon suyu ilave edilip buzdolabında muhafaza edilir. Her sabah ve akşam cilt silinir. Sivilceli ciltler için çok iyidir.

SİVİLCELİ CİLTLER

Maske
Malzeme:
* 1 çay kaşığı beyaz toz kil
* 1 çay kaşığı oksijenli su
* 1 adet antibiyotik

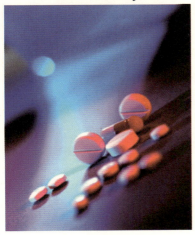

Uygulama:
Antibiyotik toz haline getirilir, kil ve oksijenli su da ilave edilip karıştırılır. Cilt temizlenir, sivilce üzerine sürülüp, 30 dakika bekletilir. Uygulama 5 gün uygulanırsa sivilceleriniz tedavi edilir.

SİVİLCELİ CİLTLER

Malzeme:
* 1 adet soğan
* 1 yemek kaşığı yeşil kil
* ½ limon suyu

Uygulama:
Soğan pişirilip mikserden geçirilir. Kil limon suyunda eritilip soğanla karıştırılır. Bu karışım sivilceli cilde maske olarak uygulanır.

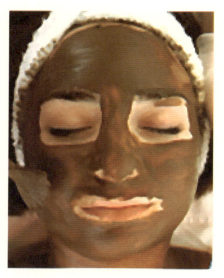

SİVİLCELİ CİLTLER / Ergenlik Sivilceleri

Malzeme:
* ½ fincan domates suyu
* ½ fincan gliserin
* ½ fincan alkol

Uygulama:
Bir şişeye domates suyu, gliserin ve alkol konup iyice çalkalanır. Her gün yeteri kadar cilde uygulanır.

LEKELER

Malzeme:
* Salatalık

Uygulama:
Buzdolabında kalmaktan dolayı sararmış olan bir salatalığı ikiye bölüp lekeler ovulur. Lekelerin ne kadar açıldığını göreceksiniz. Bunu her gün ya da haftada üç gün uygulayabilirsiniz.

LEKELER

Malzeme:
* 1 çay kaşığı amonyak
* 1 çay kaşığı peridrol
* 1 çay kaşığı saf su
* 1 çay kaşığı sabun

Uygulama:
Kullanılmamış bir sabun rendelenir ve diğer malzemeler karıştırılıp cildin hassaslığının ölçülmesi için önce el üzerinde denenir, sonra lekelerin üzerinde bekletip bol su ile yıkanır. Haftada bir kez uygulanabilir. Dışarı çıkarken güneşten koruyucu ürünler kullanılır.

LEKELER

Malzeme:
* 1 elma
* 1 şeftali
* Bir tutam şeker
* 5-6 adet kara üzüm
* 4 yemek kaşığı şarap

Uygulama:
Meyveler mikserden geçirilip bir kavanoza konur, şeker ve şarap da üzerine ilave edilip, kapalı ve soğuk bir yerde 10 gün muhafaza edilir. Sonra süzülüp cam şişeye konulur. Her gün cilde sürülüp 30 dakika sonra yıkanır. Lekeleri yok edecektir. Bu karışım doğal meyva asitidir.

LEKELER

Malzeme:
* Kivi
* 1 çay kaşığı arı sütü

Uygulama:
Kivi mikserden geçirilip sonra arı sütü ilave edilir. Direk veya gazlı bez üzerinde 30 dakika cilt üzerinde bekletilir. Cildi sıkıştırıcı ve renk açıcı özelliği vardır.

LEKELER

Malzeme:
* 1 tatlı kaşığı süzme yoğurt
* ¼ limon

Uygulama:
Yoğurt ve limonun suyu karıştırılıp bir çay tabağına alınır. Temiz cilde bolca sürülür. 5 dakika sonra kalan tekrar sürülür. Bir saat ya da yarım saat sonra, kuru ellerle ovarak, yukarı doğru kese yapar gibi çıkarılır. Cilt üzerinde kalan ince zar tabakası ile yatılır. Bu sayede gece kremi vazifesi de görmüş olur. Sabah cilt yıkanır ve üzerine krem sürülür.

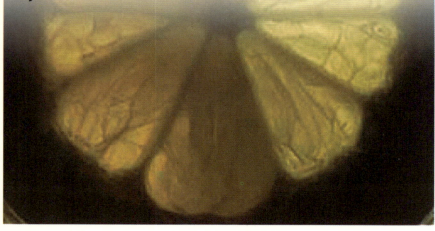

LEKELER

Malzeme:
* 1 çay kaşığı beyaz zencefil tozu
* Yumurta akı

Uygulama:
Malzemeler karıştırılıp cilde sürerek uygulanır. 10 dakika bekletildikten sonra ovarak çıkarılır. (Hassas ciltler için uygun değildir.)

LEKELER

Malzeme:
* 2 çay kaşığı sirke
* 1 çay kaşığı limon suyu
* 1 çay kaşığı su

Uygulama:
Malzemeler karıştırılır ve cilt her gece pamukla silinir. Sabah yıkanır.

LEKELER

Malzeme:
* 1 tatlı kaşığı bira mayası
* 3 kaşık peridrol
* 1 kaşık limon suyu

Uygulama:
Malzemeler karıştırılır ve cilde 20 dakika maske olarak uygulanır. Ovarak çıkarılır.

LEKELER

Malzeme:
* 1 adet domates suyu
* 1 yemek kaşığı patates unu
* 3 damla zeytinyağı

Uygulama:
Malzemeler karıştırılır ve dekolte dahil tüm lekelere 20 dakika süre ile uygulanır.

LEKELER

Malzeme:
* 1 çay kaşığı üzüm sirkesi
* 1 çay kaşığı limon suyu
* 1 çay kaşığı su

Uygulama:
Malzemeler karıştırılır ve sabah akşam cilde pamukla kompres yapılır.

ÇİLLER

Malzeme:
* Keten tohumu

Uygulama:
Keten tohumu kaynatılır, çıkan yumuşak su ile cilde masaj yapılarak çillere ve lekelere maske olarak uygulanır.

ÇİLLER

Malzeme:
* 1 çay kaşığı toz tarçın
* 1 yumurta akı

Uygulama:
Malzemeler karıştırılıp cilde sürülür. 20 dakika bekletilip, ovarak çıkarılır. (Hassas ciltler için uygun değildir.)

ÇİLLER

Malzeme:
* 1 çay kaşığı peridrol
* 2 çay kaşığı gliserin
* 2 çay kaşığı su

Uygulama:
Malzemeler karıştırılıp günde 3 defa cilde uygulanır. Koruyucu kullanmadan güneşe çıkılmaması gerekir. (Malzemeleri karıştırırken verilen ölçünün dışına çıkılmamalıdır.)

ÇİLLER

Malzeme:
* Krem
* Limon suyu

Uygulama:
Her hangi bir kreme birkaç damla da limon suyu ekleyip cilde sürerek uygulayın. Lekelerin oluşmasını engeller.

YÜZ MASKESİ

Malzeme:
* 1 yemek kaşığı mısır unu
* 1 yemek kaşığı süt

Uygulama:
Malzemeler karıştırılıp cilde uygulanır. Kuruduktan sonra, sert kuru havluyla yukarı doğru ovarak, masaj yaparak çıkarılır. Bol su ile yıkadıktan sonra cilde uygun bir nemlendirici kullanılır.

AKNE

Malzeme:
* 2 avuç balmumu
* 4 yemek kaşığı alkol

Uygulama:
Balmumu yıkanıp kurutulduktan sonra kavanoza alınır ve üzerine alkol eklenip iyice karıştırılır. Ağzı sıkıca kapatıldıktan sonra 15 gün karanlık bir ortamda muhafaza edilir. Sonra süzülüp bir şişeye alınır. Cildi yıkadıktan sonra sivilce üzerine uygulanır.

AKNE

Malzeme:
* 100 cc alkol
* 6 adet aspirin

Uygulama:
Malzemeler karıştırılır 3 gün bekletildikten sonra cild bu karışımla silinir.

AKNE

Malzeme:
* Maden suyu
* Kil
* 2 adet aspirin

Uygulama:
Maden suyunda ısıtılmış kilin içinde aspirinler eritilir ve bu karışım sabah akşam cilde uygulanır.

GÜNEŞ LEKELERİ

Malzeme:
* Küçük bir kavunun yarısı (mevsimine göre şeftali)
* 1 adet elma
* 1 kahve fincanı kırmızı şarap
* 2 yemek kaşığı toz şeker

Uygulama:
Kavun içi ve elma bir kabın içerisine rendelenir. Daha sonra üzerine şeker ve şarap ilave edilip iyice karıştırılır. Bu karışım bir kavanoza alınıp, güneş gören bir yerde 10 gün bekletilir ve temiz bir bezle süzülür. Her gün temiz bir pamukla cilde uygulanır. Bir süre sonra lekelerin kaybolduğunu göreceksiniz.

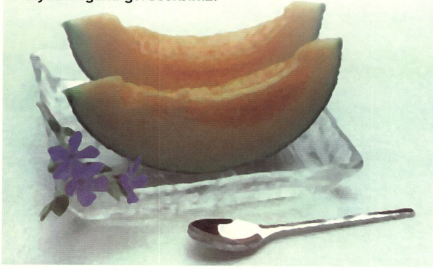

DOĞUM SONRASI LEKELERİ

Doğumdan sonra vücutta oluşan lekeler birçok kadın için sorun olmuştur. Günümüzde bu lekelerden kurtulmak için birçok pahalı yöntem uygulanmaktadır. Pek çok insanın bu pahalı yöntemlerden yararlanamadığını biliyoruz. Biz bunun için size hem çok ucuz hem de hazırlanışı çok kolay bir formül sunuyoruz.

Malzeme:
* 4 adet yumurta kabuğu
* Limon suyu
  (üzerini kapatacak kadar)

Uygulama:
Yumurta kabuğu 10 gün suda bekletilir ve sudan çıkardıktan sonra kurutulup, un haline getirilir. Limon suyu da ilave edilip boza kıvamına gelince lekelere maske olarak uygulanır. (Hassas ciltlerde kullanılmamalıdır.)

SELÜLİT

Kadınların %80'i dengesiz beslenme, hareketsizlik, hormonal bozukluklar, sindirim ve kalıtımsal sebeplerden dolayı selülitten şikayet etmektedir. Selülit genellikle bacakların üst kısmında, diz ve bileklerin iç kısmında, kaba et ve baldırların arka kısımlarında ve uyluğun üst kısmında görülen bir rahatsızlıktır. Selülit, lenf sıvısı ve toplar damar kan akışındaki yavaşlama ile toksin birikimi sonucu oluşan ciltaltı bağ dokusu hastalığıdır. Bunun sonucu biriken yağlar vücut tarafından enerji olarak kullanılamadığından zamanla portakal kabuğu görünümü oluşur. Vücudun ahengi bozulur ve dış hatlar biçimsizleşir.
Selülitin Nedenleri: Hormonal dengesizlik, hipotroid, genetik, yanlış beslenme, kilo fazlalığı, enerji dengesi bozukluğu, hareketsizlik.
Selülitin Olumsuz Etkileri: Vücudun tüm bölgelerinde oluşabilen selülit sadece estetik bir sorun değil, aynı zamanda bacaklarda şişme, ağırlık hissi, varis, eklem çevresinde ağrılar, kılcal damar çatlamaları, morarmalar ve hatta geç dönemlerde kalp yetmezliği riskine dahi neden olablir. Bu nedenle "Selülit tedavi edilmesi gereken önemli bir sağlık problemidir."
Selüliti gidermek için hergün bol su içilmesi ve spor yapılması gerekmektedir. Bunun yanı sıra doğal malzemelerden hazırladığınız selülit kremleri ile yapacağınız masaj da çok faydalı olacaktır.

SELÜLİT

Malzeme:
* 5 adet limonun suyu
* 1 şişe bebeyağı
* 1 kutu aspirin

Uygulama:
Aspirinler ezildikten sonra diğer malzemelerle karıştırılıp iyice çalkalanır. Masaj yaparak vücuda sürülür. Derideki portakal görüntüsünün yok olmasını sağlayacaktır.

SELÜLİT

Malzeme:
* 50 gr. kafurun
* 300 gr. susam yağı
* 1.5 su bardağı yeşil kil
* 1 yemek kaşığı bal

Uygulama:
Kafurun susam yağında eritilir. Yeşil kil ve bal da ilave edilerek boza kıvamına getirilir. Bütün vücuda sürülerek uygulanır. Vücuttaki ödemi atmak için streç folyoyla sarılır. 45 dakika sonra duş alınarak temizlenilir. (Aynı zamanda romatizma ve kireçlenmeye de iyi gelir.)

BEŞİNCİ BÖLÜM
MASKELER

MASKELER

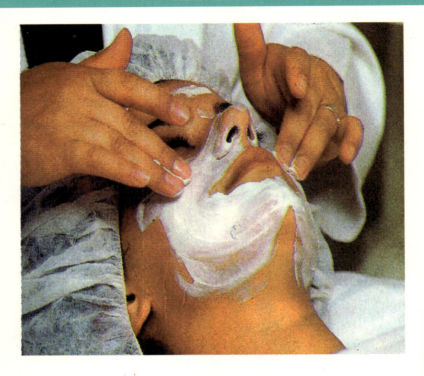

Yüzün birden gençleşmesi, kan dolaşımının hızlanarak çalıştırılması, besinlerle oksijenin yüz üstündeki dokulara erişmesi için yapılan işleme canlandırma denir. Bu, maskelerle yapılır. Maskelerin hemen hemen hepsinde su oranı yüksektir. Maske sürülünce suyun hemen uçması cildin serinlemesini, rahatlamasını, gözeneklerin büzülmesini sağlar.

Maske çıkarıldığında damarlar açılır, cilt daha pembe görünür. Genişleyen damarlar sayesinde alt deriye bol kan gideceği için cilt düzelir, gözenekler kapanır. Cildin görünüşünde belirli bir güzelleşme olur. Yağlı ciltlere haftada iki, kuru, normal ciltlere haftada bir maske yapmak gerekir.

MASKELER / kuru ve kırışık ciltler için

Malzeme:
* 15 gr. polen
* 15 gr. kil
* 20 gr. süt

Uygulama:
Malzemeler karıştırılır, cilde 20 dakika maske olarak uygulanır. Islatıldıktan sonra yıkanır. Cilde elastikiyet verir. Ph değerini korur ve gözenekleri sıkıştırır.

MASKELER / kuru ve kırışık ciltler için

Malzeme:
* 1 tatlı kaşığı soya unu
* 1 tatlı kaşığı ebegömeci
* 1 tatlı kaşığı bal

Uygulama:
Malzemeler karıştırılır. Maske olarak 20 dakika ciltte bekletilir.

MASKELER / kuru ve kırışık ciltler için

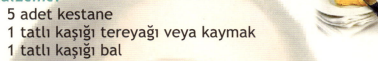

Malzeme:
* 5 adet kestane
* 1 tatlı kaşığı tereyağı veya kaymak
* 1 tatlı kaşığı bal

Uygulama:
Kestaneler haşlandıktan sonra blendırda melhem kıvamına getirilir. İçerisine tereyağı ve bal eklenip göz çevresi dahil olmak üzere dekolteye kadar sürülür. 30 dakika bekletildikten sonra, önce ılık sonra soğuk suyla yıkanır. Haftada iki kere uygulanabilir. Kış için ideal bir maskedir.

MASKELER / kuru ve kırışık ciltler için

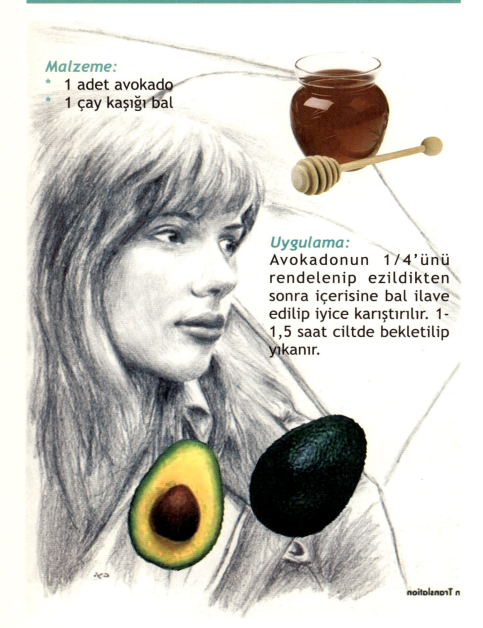

Malzeme:
* 1 adet avokado
* 1 çay kaşığı bal

Uygulama:
Avokadonun 1/4'ünü rendelenip ezildikten sonra içerisine bal ilave edilip iyice karıştırılır. 1-1,5 saat ciltde bekletilip yıkanır.

MASKELER / kuru ve kırışık ciltler için

Malzeme:
* 1 adet orta boy avakado
* 1 çay kaşığı hindistan cevizi yağı

Uygulama:
Avakado mikserden geçirilir, içerisine hindistan cevizi yağı ilave edilir ve cilde maske olarak uygulanır. 20 dakika bekletildikten sonra yıkanır.

MASKELER / kuru ve kırışık ciltler için

Malzeme:
* 1 yemek kaşığı pirinç
* 1 çay kaşığı polen
* 1 yemek kaşığı zeytinyağı

Uygulama:
Pirinç mikserden geçirildikten sonra, malzemeler karıştırılıp az suda pişirilir. Ilık olarak cilde maske yapılır. 20 dakika bekletilip yıkanır ve cilde uygun bir nemlendirici kullanılır.

MASKELER / kuru ve kırışık ciltler için

Malzeme:
* 15-20 adet kayısı
* 2 yemek kaşığı bal
* İçme suyu
* Gazlı bez

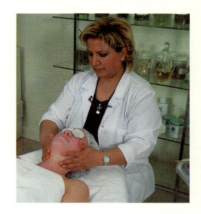

Uygulama:
Yıkanmış kayısılar küçük bir tencereye alınıp, üzerini kaplayacak kadar su ilave edilir. 10-15 dakika kaynatıldıktan sonra kayısılar ezilip püre kıvamına getirilir ve bal ilave edilir. Gazlı bez yüze yayıldıktan sonra üzerine maske uygulanır. 15-20 dakika beklettikten sonra yıkanır. (Yüzünüzü gazlı bezle kapattıktan sonra rahat nefes alabilmek için makas yardımıyla burun kısmından biraz açabilirsiniz. Gözlerinizi de temiz bir pamukla kapatmayı unutmayın).

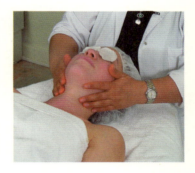

MASKELER / kuru ve kırışık ciltler için

Malzeme:
* 2 yemek kaşığı süzme yoğurt
* Birkaç damla limon

Uygulama:
Temiz bir kase içerisine süzme yoğurdu ve birkaç damla limon suyu ilave ederek iyice karıştırılır. Maskeniz uygulamaya hazırdır. Malzemeler tamamen doğal olduğundan rahatlıkla göz çevresine de uygulanabilir. Maske ciltte tamamen kuruyana kadar (yaklaşık 1-1,5 saat) beklenir. Maske çıkarma işlemin kas yönünde ovarak yapılır ve cilt duru suyla yıkanır.

MASKELER / kuru ve kırışık ciltler için

Malzeme:
* 1 yemek kaşığı yoğurt suyu
* 1 çay kaşığı zeytin yağı
* 1 çay kaşığı bal
* 1 tatlı kaşığı yulaf unu

Uygulama:
Malzemelerin hepsi porselen bir kapta karıştırılır ve 20 dakika süre ile cilde maske olarak uygulanır.

MASKELER / kuru ve kırışık ciltler için

Malzeme:
* 3 adet çilek
* 2 çay kaşığı polen

Uygulama:
Çilekler çatal yardımıyla bir kase içerisinde ezilir ve içerisine polen ilave edilip karıştırılır. Haftada iki kere uygulanabilecek mucizevi çilek maskeniz kullanıma hazırdır.

MASKELER / kuru ve kırışık ciltler için

Malzeme:
* 1 çay kaşığı tuzsuz tereyağı
* 1 çay kaşığı bal

Uygulama:
Tereyağı ve bal bir kase içerisinde iyice karıştırılır. Cilde sürülerek uygulanır. Bu maske deniz sonrası tuzdan ve güneşten yıpranan ve kuruyan ciltler için son derece faydalıdır. Cildin kaybettiği nemi ve yağı yeniden kazanmasını sağlar.

MASKELER / kuru ve kırışık ciltler için

Malzeme:
* 1 çay kaşığı badem yağı
* 1 çay kaşığı yumurta sarısı
* 1 çay kaşığı limon suyu
* Alabildiği kadar buğday nişastası

Uygulama:
Malzemeler karıştırılır ve cilde maske olarak uygulanır.

MASKELER / kuru ve kırışık ciltler için

Malzeme:
* 1 şeftali suyu
* Eşit miktarda votka

Uygulama:
Malzemeler eşit miktarda karıştırılıp cilde 25-30 dakika süre ile uygulanır. Sonunda susam yağı sürülebilir.

MASKELER / kuru ve kırışık ciltler için

Malzeme:
* 1 tatlı kaşığı toz bira mayası
* ½ tatlı kaşığı fındık yağı
* Alabildiği kadar limon suyu

Uygulama:
Malzemeler karıştırılıp 20-25 dakika süre ile cilde maske olarak uygulanır.

MASKELER / kuru ve kırışık ciltler için

Malzeme:
* 1 havuç suyu
* 1 çay kaşığı talk pudrası
* 1 çay kaşığı bal

Uygulama:
Malzemeler karıştırılıp 25 dakika süre ile cilde maske olarak uygulanır.

MASKELER / kuru ve kırışık ciltler için

Malzeme:
* 1 muz
* 1 kaşık tuzsuz tereyağı
* 1 kaşık arı sütü

Uygulama:
Malzemeler karıştırılıp 30 dakika süre ile cilde maske olarak uygulanır. (Muz sinir sistemine iyi gelir.)

MASKELER / kuru ve kırışık ciltler için

Malzeme:
* 1 kaşık ekşi yoğurt
* 1 yumurta sarısı

Uygulama:
Malzemeleri karıştırıp cilde 25 dakika maske olarak uygulanır. Cildin sıkışmasını sağlar, kırışıklıkları önler. Hassas ciltlere uygulanmamalıdır.

MASKELER / kuru ve kırışık ciltler için

Malzeme:
* ¼ Yumuşak Avakado
* 1 tatlı kaşığı bal
* 5 damla limon

Uygulama:
Malzemeler karıştırılıp göz çevresi dahil dekolteye kadar maske olarak uygulanır. 35 dakika bekletilerek ovarak çıkarılır. O gece ince zar tabakayla yatılıp, sabah cilt yıkanır. Gece kremi olarak kullanılır. Çizgiler azalır, vitamin alınır. Haftada 3 kez yapılabilir.

MASKELER / kuru ve kırışık ciltler için

Malzeme:
* 1 yumurta akı
*' 2 yemek kaşığı salatalık rendesi

Uygulama:
Yumurta akı mikserde iyice köpürtülür ve salatalık rendesi ilave edilir. Cilde ve dekolte bölgesine sürülerek uygulanır. 30 dakika bekletilir.

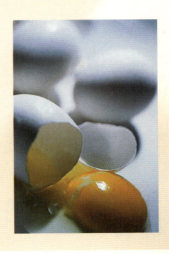

MASKELER / kuru ve kırışık ciltler için

Malzeme:
* 6 adet ahududu
* 1 tatlı kaşığı bal
* 1 tatlı kaşığı tereyağı

Uygulama:
Malzemeler karıştırılıp krem haline getirilir. 30 dakika bekletilip bol su ile yıkanır.

MASKELER / kuru ve kırışık ciltler için

Malzeme:
- 1 adet patates

Uygulama:
Patates yıkanıp rendelenir ve suyu çıkarılır. Kağıt mendil ile akşamları cilde kompres yapılır. Çizgilere çok iyi gelir.

MASKELER / kuru ve kırışık ciltler için

Malzeme:
* 1 adet patates suyu
* 1 yumurta sarısı
* 1 yemek kaşığı süt

Uygulama:
Malzemeler karıştırılıp 25 dakika cilde maske olarak uygulanır.

MASKELER / kuru ve kırışık ciltler için

Malzeme:
* 2 adet havuç
* 1 yumurta akı
* 1 çay kaşığı çiçek yağı
* Bir tutam patates unu

Uygulama:
Havuç suyu, yumurta akı ile çırpılır ve içerisine çiçek yağı ilave edilir. Patates unu karıştırılıp 30 dakika cilde maske olarak uygulanır. Bu maske domatesle de yapılır. Genelde karma cilde uygulanır.

MASKELER / kuru ve kırışık ciltler için

Malzeme:
* 3 adet çilek (ezilecek)
* 1 çay kaşığı konyak
* 1 çay kaşığı bal

Uygulama:
Malzemeler karıştırılıp dekolteye kadar cilde uygulanır. 25 dakika bekletilip ılık su ile durulanır. Ciltde oluşan kırışıklıklara çok iyi gelecektir.

MASKELER / kuru ve kırışık ciltler için

Malzeme:
* 250 gr. su
* 250 gr. süt
* 1 Elma

Uygulama:
Su, süt ve dörde bölünmüş elma pişirilir. Gazlı bez üzerine ılık maske yapılır. 30 dakika bekletilir.

MASKELER / kuru ve kırışık ciltler için

Malzeme:
* 1 kahve fincanı zeytinyağı
* 1 kahve fincanı su

Uygulama:
Zeytinyağı ve su 37 derece sıcaklıkta ısıtılır. Cilde pamukla kompres yapılır.

MASKELER / karma ciltler için

Malzeme:
* 1 portakal kabuğu rendesi
* 1 limon kabuğu rendesi
* 3 damla limon suyu
* 1 yumurta sarısı
* 1 çay kaşığı tuzsuz tereyağı

Uygulama:
Portakal kabuğu, limon kabuğu ve yumurta sarısı mikserden geçirilir ve kapalı bir kavanozda 1 saat dinlendirilir. Tereyağı ve limon suyu da ilave edildikten sonra 25 dakika ciltte bekletilir.

MASKELER / karma ciltler için

Malzeme:
* 1 avuç badem
* 1 tatlı kaşığı bal
* Alabildiğince süt

Uygulama:
Bademler blendırda ezilip içine bal ve karışımın alabildiği kadar süt ilave edilir. İyice karıştırıldıktan sonra cilde uygulanır.

MASKELER / karma ciltler için

Malzeme:
* 50 gr. tuzsuz badem içi
* 1 tatlı kaşığı bal
* Gül suyu

Uygulama:
Badem un haline getirildikten sonra bal ve alabildiği kadar gülsuyu ile karıştırılır. Maske cilde uygulanır ve 20 dakika beklettikten sonra suyla yıkanır.

MASKELER / karma ciltler için

Malzeme:
* 1 yemek kaşığı susam
* 1 yemek kaşığından biraz az keten tohumu
* 1 tatlı kaşığı bal
* ½ fincan alkolsüz tonik

Uygulama:
Susam ve keten tohumu blendırda ezilir, içine bir kaşık bal ve karışımın alabildiği kadar alkolsüz tonik eklenir. Gazlı bez yüzü örtecek şekilde kapatılır ve üzerine maske uygulanır. Yarım saat bekledikten sonra cilt duru suyla yıkanır.

MASKELER / karma ciltler için

Malzeme:
* Şeftali

Uygulama:
Mikserden geçirilen şeftali püresi ile cilde kompres yapılır. Cilt üzerinde uzun süre bekletilmesi yararlıdır, cildi sıkıştırıcı özelliği vardır. A vitamini içerir. Yendiği zaman da böbrekleri temizler, hazmı kolaylaştırır.

MASKELER / karma ciltler için

Malzeme:
* 2 yemek kaşığı pirinç
* 1 tatlı kaşığı polen tozu
* 1 çay kaşığı zeytin yağı
* Çok az süt

Uygulama:
Malzemeler karıştırılır, boza kıvamına gelince cilde maske olarak uygulanır ve 20 dakika beklettikten sonra yıkanır. Kuru ciltler için çok faydalıdır.

MASKELER / karma ciltler için

Malzeme:
* Maydonoz
* Süzme yoğurt

Uygulama:
Mikserden geçirilen bir tutam maydonoz süzme yoğurtla karıştırılır ve ve cilde maske olarak uygulanır. 25 dakika bekletildikten sonra yukarı doğru masaj şeklinde ovarak çıkarılır.

MASKELER / karma ciltler için

Malzeme:
* 1 çay kaşığı gliserin
* 1 çay kaşığı süt kaymağı
* 1 çay kaşığı limon
* 1 çay kaşığı bal

Uygulama:
Malzemeler karıştırıldıktan sonra cilde maske olarak uygulanır. 30 dakika bekletilir ve yıkanır. Sonra cilde çok az E vitamini veya susam yağı sürülebilir.

MASKELER / karma ciltler için

Malzeme:
* 4-5 adet limon
* Süt veya bal

Uygulama:
Limonların kabukları ince bir şekilde soyulup kurutulur. Toz haline getirildikten sonra sütle veya bal ile karıştırılıp cilde maske yapılır. Sonra ovarak yukarı doğru daireler çizerek çıkarılır.

MASKELER / karma ciltler için

Malzeme:
* 1 çorba kaşığı kil
* 1 çorba kaşığı öğütülmüş keten tohumu
* 1 çorba kaşığı gül suyu
* 1 çorba kaşığı balmumu
* 1 çorba kaşığı lanolin

Uygulama:
Tencerede lanolin ve mum karıştırılarak eritilir. Ocaktan alınıp gül suyu ilave edilir. Soğuduktan sonra karıştırılarak kil ve keten tohumu ilave edilip boza kıvamına getirilir. Temizlenmiş cilde maske olarak uygulanır.

MASKELER / karma ciltler için

Malzeme:
* 4 çorba kaşığı kil
* 2 çorba kaşığı su
* 2 çorba kaşığı yoğurt

Uygulama:
Malzemeler karıştırılır ve cilde maske olarak uygulanır. 15 dakika sonra yıkanır.

MASKELER / karma ciltler için

Malzeme:
* 2 adet elma
* 500 gr. süt
* Su

Uygulama:
Malzeme karıştırılıp 15 dakika kaynatılır. Püre haline getirilip gazlı bez üzerine maske yapılır. 20 dakika bekletilir. Cildinizin kuruluğuna ve susuzluğuna iyi gelecektir.

MASKELER / karma ciltler için

Malzeme:
* 1 dilim karpuz

Uygulama:
Karpuz ezilerek suyu çıkarılır. Kağıt mendil ile suyuna batırılıp cilde kompres yapılır. Çizgiler için idealdir.

MASKELER / karma ciltler için

Malzeme:
* 1 dilim kavun (ezilecek)
* 1 tatlı kaşığı bal
* 1 tatlı kaşığı kaymak

Uygulama:
Malzemeler karıştırılıp dekolteye kadar maske olarak gazlı bez üzerine uygulanır. 20 dakika bekletilip yıkanır.

MASKELER / karma ciltler için

Malzeme:
* 1 Yumurta beyazı
* 2 yemek kaşığı salatalık rendesi

Uygulama:
Yumurta beyazı köpürtülüp, salatalık rendesi ile karıştırılır. Gazlı bez üzerine maske olarak 20 dakika süre ile uygulanır. Cildi beyazlaştırır.

MASKELER / karma ciltler için

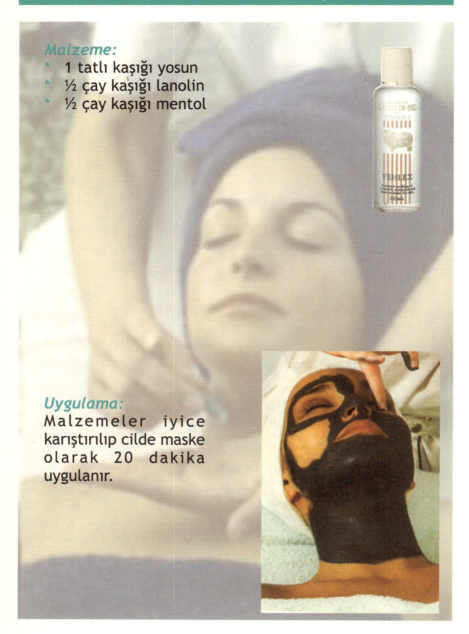

Malzeme:
* 1 tatlı kaşığı yosun
* ½ çay kaşığı lanolin
* ½ çay kaşığı mentol

Uygulama:
Malzemeler iyice karıştırılıp cilde maske olarak 20 dakika uygulanır.

MASKELER / karma ciltler için

Malzeme:
* 1 yemek kaşığı maya
* ½ limon suyu

Uygulama:
Maya ıslatılır ve iyice ezilince limon sıkılıp karıştırılır. Ciltte 30 dakika süreyle bekletilir.

MASKELER / karma ciltler için

Malzeme:
- 3 damla biberiye yağı
- 1 çay kaşığı çam balı
- 1 çay kaşığı beyaz kil
- Birkaç damla limon

Uygulama:
Malzemeler karıştırılıp cilde 20 dakika süre ile maske olarak uygulanır.

MASKELER ve TONİKLER

Malzeme:
* 1 fincan çilek
* 1 yumurta akı
* 1 tatlı kaşığı gülsuyu
* 1 tatlı kaşığı karbonat
* 2 bardak su

Uygulama:
Yumurta akı beyazlaşıncaya kadar çırpılır. Çilek sıkılıp süzülür ve yumurta akına karıştırılır. Gül suyu, su ve karbonat ilave edilip karıştırılır. Pamukla cilde uygulanır. Boyun ve yüz kırışıklıklarına iyi gelir.

MASKELER ve TONİKLER

Malzeme:
* 1 haşlanmış patates
* Çiğ süt
* 1 yumurta sarısı

Uygulama:
Malzemeler mikserden geçirilir. Boza kıvamına getirecek kadar süt ilave edilip 20 dakika süre ile cilde maske olarak uygulanır. Önce sıcak, sonra soğuk suyla temizlenir.

MASKELER ve TONİKLER

Malzeme:
* 1 kahve fincanı limon suyu
* 2 çorba kaşığı kaymak

Uygulama:
Limon suyu ve çırpılmış kaymak karıştırılır. Yüzün her tarafına 30 dakika süre ile maske olarak uygulanır.

MASKELER ve TONİKLER

Malzeme:
* 1 orta boy kereviz
* 1 adet yumurta sarısı
* ½ demet dere otu
* 1 tatlı kaşığı bal

Uygulama:
Kereviz ve dere otun mikserden geçirildikten sonra bal ve yumurta sarısı da ilave edilerek cilde 20 dakika süre ile maske olarak uygulanır. (Kerevizin cilt hastalıklarına çok faydası vardır. Demir ve E,K vitaminlerine sahiptir.)

MASKELER / renk bozukları için

Malzeme:
* 3 çay kaşığı bal
* 1 tatlı kaşığı votka

Uygulama:
Malzemeler karıştırılır, her gün veya gün aşırı cilde sürülüp 25 dakika bekletilir. Sigaradan sararmış cilde canlılık verecektir. En az 12 seans uygulanmalıdır.

MASKELER / renk bozukları için

Malzeme:
* Armut
* Süt

Uygulama:
Armut rendelenir, suyu çıkarılır ve çıkan su kadar süt ilave edilip karıştırılır. Gece yatmadan evvel sürerek uygulanır. Cildin rengi daha canlı ve güzel olacaktır.

MASKELER / renk bozukları için

Malzeme:
* 4 yemek kaşığı kil tozu
* 2 yemek kaşığı su
* 2 yemek kaşığı süzme yoğurt

Uygulama:
Malzemeler karıştırılıp cilde sürülerek uygulanır ve 15 dakika bekletilip yıkanır.

MASKELER / renk bozukları için

Malzeme:
* 1 kahve fincanı arpa
* 1 kahve fincanı su
* 1 kahve fincanı yoğurt

Uygulama:
Kaynar suda arpa bir gece bekletilir ve suyu süzülür. Arpa yoğurda karıştırılır ve cilde maske olarak uygulanır. 15 dakika bekletilip yıkanır.

MASKELER / renk bozukları için

Malzeme:
* 2 yemek kaşığı bal
* 1 çay kaşığı sirke
* ½ çay kaşığı badem yağı

Uygulama:
Bal yumuşaması için biraz ısıtılır, diğer malzemeler ilave edilerek karıştırılır ve cilde maske olarak uygulanır. 15 dakika bekletilip yıkanır. Göz çevresi ve dekolteye de uygulanabilir.

MASKELER / yorgun ciltler için

Malzeme:
* 3 kaşık buğday unu
* 1 tatlı kaşığı bal
* Ilık süt

Uygulama:
Malzemeler karıştırılır ve temiz cilde maske olarak uygulanır. (İçerisinde A,B,E vitaminleri mevcuttur).

MASKELER / yağlı ciltler için

Malzeme:
* 1 çay kaşığı toz kil
* ½ çay kaşığı kafurun
* 1 yemek kaşığı içme suyu

Uygulama:
Malzemeler boza kıvamına gelinceye dek karıştırılır. Temiz cilde sürülerek uygulanır. 20 dakika süreyle bekletilir.

MASKELER / yağlı ciltler için

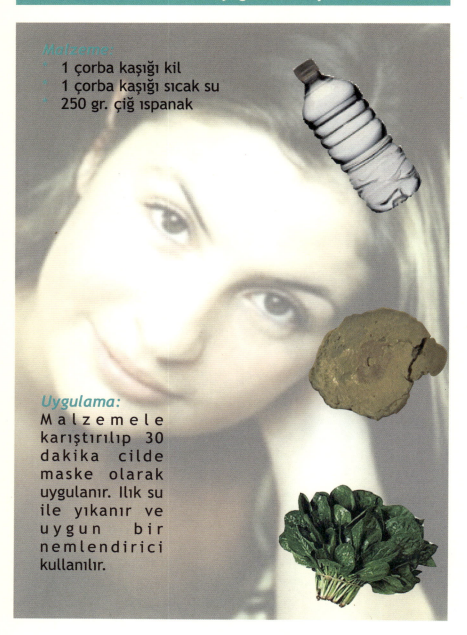

Malzeme:
- 1 çorba kaşığı kil
- 1 çorba kaşığı sıcak su
- 250 gr. çiğ ıspanak

Uygulama:
Malzemele karıştırılıp 30 dakika cilde maske olarak uygulanır. Ilık su ile yıkanır ve uygun bir nemlendirici kullanılır.

MASKELER / yağlı ciltler için

Malzeme:
* 1 yemek kaşığı kil
* 1 yemek kaşığı yulaf unu
* 1 yemek kaşığı buğday nişastası
* Süt

Uygulama:
Malzemeler karıştırılıp boza kıvamına getirilir. Cilt bakımından sonra gazlı bez üzerine maske olarak uygulanır ve buhar tutulur. 15 dakika bekletildikten sonra yıkanır. Cildinize pürüzsüz bir görünüm verecektir.

MASKELER / yağlı ciltler için

Malzeme:
* 1 yemek kaşığı keten tohumu yağı
* Bir tutam papatya
* 1 kaşık bal
* Süt

Uygulama:
Keten tohumu ve papatyayı öğüttükten sonra bal ve süt ilave edilerek karıştırılır. Gazlı bez üzerine 20 dakika süre ile maske olarak uygulanır.

MASKELER / yağlı ciltler için

Malzeme:
* 1 yemek kaşığı turpsuyu
* 1 tatlı kaşığı çavdar unu
* 1 çay kaşığı bal
* Alabildiği kadar limon

Uygulama:
Malzemeler karıştırılıp, göz çevresi hariç yüz ve dekolteye maske olarak uygulanır. 20 dakika bekletildikten sonra ovarak çıkarılır ve E vitamini sürülür. Cilde pürüzsüz bir görünüm verir.

MASKELER / yağlı ciltler için

Malzeme:
* ½ limon suyu
* 1 tatlı kaşığı kil
* 1 tatlı kaşığı bal

Uygulama:
Malzemeler karıştırılıp 20 dakika süre ile cilde maske olarak uygulanır. (Limon C vitamini içerir, algılama yeteneğini artırır.)

MASKELER / yağlı ciltler için

Malzeme:
* ½ domates suyu
* 10 damla fındık yağı

Uygulama:
Domates suyu, fındık yağı ile küçük bir şişede çalkalanır ve cilde 20 dakika süre ile uygulanır. Haftada 3 gün kullanılabilir. Sivilce ve lekelere iyi gelir. (Domates hazımsızlığa ve bağırsak iltihabına iyi gelir).

MASKELER / yağlı ciltler için

Malzeme:
* 1 tatlı kaşığı ıslatılmış kil
* 6 damla limon suyu
* 1 çay kaşığı tuzsuz tereyağı

Uygulama:
Malzemeler karıştırılıp 20 dakika süre ile cilde maske olarak uygulanır.

MASKELER / yağlı ciltler için

Malzeme:
* 1 adet salatalık
* 1 tatlı kaşığı yoğurt
* 1 tatlı kaşığı bal
* 1 tatlı kaşığı yulaf unu

Uygulama:
Salatalık rendelenir ve suyuna diğer malzemeler karıştırılır. Gazlı bez üzerine veya direk uygulanır.

MASKELER / hassas ciltler için

Malzeme:
* Orta boy çiğ patates
* 1 elma
* 1 salatalık

Uygulama:
Malzemeler rendelenip suları karıştırılır ve cilde sürülür. Evde bulunduğunuz sürece yüzünüzde kalabilir.

MASKELER / göz çevresi için

Malzeme:
* 1 yumurta akı
* 1 tatlı kaşığı kahve

Uygulama:
Malzemeler karıştırılıp, gazlı bez üzerine, göz çevresine maske olarak uygulanır. Göz altı morlukları ve kırışıklıklara iyi gelir, yorgunluğu alır.

MASKELER / göz çevresi için

Malzeme:
* 1 adet ayva
* 1 kaşık bal
* 1 yumurta akı

Uygulama:
Fırında pişirilen ayva mikserden geçirilir, bal ve yumurta akı ile karıştırılır. 25 dakika süre ile cilde maske olarak uygulanır. Cildin sarkmasını engeller, gözenekleri sıkılaştırır.

MASKELER / kılcal damarları olanlar için

Malzeme:
* Bir tutam taze kara üzüm
* 1 tatlı kaşığı bal
* Bir sıkımlık Avil krem
* 1 kaşık yulaf nişastası

Uygulama:
Malzemeler mikserde karıştırılıp cilde maske olarak uygulanır.

MASKELER / kılcal damarları olanlar için

Malzeme:
* 1 tatlı kaşığı patates unu
* 1 domates suyu
* Birkaç damla zeytinyağı

Uygulama:
Malzemeler karıştırılıp 20 dakika süre ile cilde maske olarak uygulanır.

MASKELER / dekolte için

Malzeme:
* 1 tatlı kaşığı bal
* 1 yemek kaşığı mısır nişastası
* 1 yumurta akı

Uygulama:
Malzemeler karıştırılır ve boyun dekoltesine uygulanır.

MASKELER / dekolte için

Malzeme:
* 1 çay kaşığı soya yağı
* 1 çay kaşığı jojoba
* 1 çay kaşığı avakado yağı
* 1 tatlı kaşığı beyaz kil

Uygulama:
Malzemeler karıştırılır ve cilde haftada iki kez uygulanır. Hücre yeniler, cildin yaşlanmasını önler, cilde elastikiyet verir ve dokulara sağlık, güçlük sağlar.

MASKELER / dekolte için

Malzeme:
* 1 kaşık bal
* 1 yumurta sarısı
* 1 tutam öğütülmüş dere otu
* 1 çay kaşığı yoğurt
* 1 çay kaşığı yulaf unu

Uygulama:
Malzemeler karıştırılır ve 25-30 dakika süre ile cilde maske olarak uygulanır. Cilt yıkanır ve cilde uygun bir nemlendirici kullanılır.

MASKELER / dekolte için

Malzeme:
* 1 havuç
* 1 elma
* 1 kaşık yulaf unu

Uygulama:
Havuç ve elmanın kabuğu rendelenip lapa oluncaya kadar kaynatılır. Yulaf unu da ilave edilip 25 dakika süre ile cilde maske olarak uygulanır.

MASKELER / dekolte için

Malzeme:
* 1 çay kaşığı jojoba yağı
* 1 tatlı kaşığı beyaz kil
* ¼ yumuşatılmış avakado
* 1 yemek kaşığı soya fasulyesi (öğütülmüş)
* 1 tatlı kaşığı bal

Uygulama:
Malzemeler karıştırılır ve 25 dakika süre ile cilde maske olarak uygulanır.

ALTINCI BÖLÜM

KREMLER

KREMLER / selülit için

Malzeme:
* 25 gr. Okaliptüs yağı
* 25 gr. melisa yağı
* 25 gr. ada çayı
* 15 adet dövülmüş aspirin
* 10 adet limon suyu

Uygulama:
Malzemeler iyice birbirine karıştırılır ve sonra masaj yaparak cilde uygulanır. Romatizma ağrısı için de çok faydalıdır.

KREMLER / selülit için

Malzeme:
* 4 çorba kaşığı taze sarmaşık otu
* 1 çorba kaşığı avakado yağı
* 3 çorba kaşığı badem yağı
* 1 çorba kaşığı mum
* 2 çorba kaşığı balmumu
* 8'er damla rezene, biberiye ve mercan köşkü yağı

Uygulama:
Benmari usulü mumlar ve balmumu eritilir. Yağlar ısıtılıp karıştırılarak mumlara ilave edilir. Sarmaşık mikserden geçirilir, çırparak karışıma ilave edilir. Isınınca öz yağları da ilave edilip cam şişede muhafaza edilir. Masajlarda kullanılır.
Not: Otlar taze değilse kurusunu çok az damıtık suda haşlayıp, demleyip kullanabilirsiniz.

KREMLER / güneş için

Malzeme:
* 2 adet havuç
* Susam yağı
* 4 adet karanfil
* 1 fincan talk pudra

Uygulama:
Havuçlar rendelenir. Üzerine çıkacak kadar susam yağı ya da zeytinyağı eklenir. Güzel kokması için 4 adet karanfil konur. Bir kavanoza ağzı kapalı bir şekilde konarak güneş gören bir yerde 15 gün bekletilir. Sonra süzerek çıkan karışımı yanmak için kullanabilirsiniz. Koruyucu olarak kullanmak isterseniz talk pudrası eklemeniz gerekir.

KREMLER / güneş için

Malzeme:
* 2 adet havuç
* Susam yağı
* 4 adet karanfil
* 1 fincan talk pudra

Uygulama:
Havuçlar rendelenir. Üzerine çıkacak kadar susam yağı ya da zeytinyağı eklenir. Güzel kokması için 4 adet karanfil konur. Bir kavanoza ağzı kapalı bir şekilde konarak güneş gören bir yerde 15 gün bekletilir. Sonra süzerek çıkan karışımı yanmak için kullanabilirsiniz. Koruyucu olarak kullanmak isterseniz talk pudrası eklemeniz gerekir.

KREMLER / güneş sonrası için

Malzeme:
* 1 çorba kaşığı lanolin
* ½ kahve fincanı badem yağı
* 1 tatlı kaşığı gliserin
* 1 çorba kaşığı gül suyu
* 1 tatlı kaşığı zink oksit
* 6 damla gül yağı

Uygulama:
Temiz bir tencerede lanolin eritilir. Başka bir tencerede badem yağı ve gliserin ısıtılır. Kısık ateşte yağ, gliserin ve lanolin iyice karıştırılarak bir kaba alınır. Boraks, ısıtılmış gül suyunda eritilir ve lanolinli yağa karıştırarak ilave edilir. Ilıyınca zink oksit ve gül yağı da ilave edilerek cam şişeye alınır. Sabah akşam kullanılabilir.

KREMLER / kuru ve normal ciltler için

Malzeme:
* 2 çorba kaşığı soya yağı
* 2 çorba kaşığı badem yağı
* Yarım kahve fincanı kakao yağı
* 1 çorba kaşığı bal mumu
* 2 çorba kaşığı portakal çiçeği suyu
* ½ çay kaşığı boraks
* 5 damla portakal çiçeği yağı özü

Uygulama:
Yağlar karıştırıp ısıtılır. Kakao yağı ayrıca eritilip yağlara ilave edilir. Balmumu eritilip mikserle çırpılarak yağlara yavaş yavaş ilave edilir. Boraks portakal çiçeği suyunda ısıtılıp eritilir. Tüm malzemeler karıştırılır. Soğuyup kalınlaşmaya başlayınca, portakal çiçeği yağı da karıştırarak içine ilave edilir. İyice soğuduktan sonra cam kavanozda muhafaza edilir ve sabah ve akşam kullanılabilir.

KREMLER / kuru ve normal ciltler için

Malzeme:
* 4 çorba kaşığı soya yağı
* 2 tatlı kaşığı salatalık suyu
* 6 çorba kaşığı civan perçemi
* 1 tatlı kaşığı mum
* 5 damla reçine sakızı

Uygulama:
Mum kısık ateşte ısıtılır. Soya yağı da ısıtılır ve salatalık suyu ile birlikte çok iyi karıştırarak muma ilave edilir. Civanperçemi çok az suda ısatılarak demlenir. Süzdükten sonra yağ ve mum karışımına ilave edilip ocaktan alınır. Soğuyuncaya kadar çırpılır ve son olarak reçineyi de ekledikten sonra cam kavanozda muhafaza edilir. Temizlenmiş göz çevresi ve dekolte dahil, tüm cilde sabah ve akşam uygulanabilir.

KREMLER / kuru ve normal ciltler için

Malzeme:
* 1 kahve fincanı yayık ayranı
* 2 çorba kaşığı dövülmüş rezene tohumu

Uygulama:
Yayık ayranı ve rezene tohumu kısık ateşte 30 dakika süre ile benmari usulü ısıtılır. İki saat bekletilir ve süzüp cam şişeye alınır. Buzdolabında 7 gün dinlendirdikten sonra kullanıma hazırdır.

KREMLER / kuru ve normal ciltler için

Malzeme:
* 118 ml. tatlı badem yağı
* 5 yemek kaşığı su veya gülsuyu
* 2 yemek kaşığı balmumu
* ¼ çay kaşığı boraks

Uygulama:
Balmumu ve badem yağı tencerede eritilir, kıvama gelinceye kadar karıştırılır. Ayrı bir tencerede, orta ısıda, gülsuyu ısıtılır ve boraks ilave edilir. Eriyinceye kadar karıştırılıp ateşten alınır. Pişmekte olan balmumu ve badem yağına yavaşça karıştırarak ilave edilir. Ateşten alınır ve koyulaşıp soğuyuncaya kadar karıştırmaya devam edilir. Soğuduktan sonra kavanoza alınır. Serin yerde muhafaza edilir. (Kullanım süresi içerisinde ara sıra karıştırılması gerekir).

KREMLER / kuru ve normal ciltler için

Malzeme:
* 100 gr. ısırgan tohumu
* 3 su bardağı su

Uygulama:
Isırgan tohumu kaynatılır, yağı çıkınca ocaktan alınıp süzülür. Cilde ılık olarak uygulanır.

KREMLER / gözler ve dudaklar için

Malzeme:
* 1 tatlı kaşığı balmumu
* 1 tatlı kaşığı hindistan cevizi yağı
* 1 çorba kaşığı badem yağı
* 1 tatlı kaşığı parafin
* 1 tatlı kaşığı vazelin
* 3 damla E vitamini

Uygulama:
Eritilmesi gerekenler farklı tencerelerde eritildikten sonra birbirine karıştırılır. Malzeme benmari usulü 5 dakika ısıtılır. Bir kavanoz içerisine alınır ve yağları da ilave ettikten sonra 1.5 saat bekletilir. Krem kullanıma hazırdır. Buzdolabında muhafaza edilmelidir.

YEDİNCİ BÖLÜM
YAĞLAR

YAĞLAR / besleyici yağlarla masaj

Masajlar her zaman için fiziksel ve duygusal olarak tedavi edici olmuştur. Bu masajlar doğal yağlarla tatbik edildiğinde ise faydaları sınırsızdır.

Masajın yararları; kan dolaşımını hızlandırması, sakinleştirici ve zindelik verici etkisi, bütün sinir sistemini dengeleyerek enerji dağılımını sağlaması fiziksel ve duygusal bozuklukları gidermesi olarak sıralanabilir. Masaj yağları, deri tarafından kolay emilen doğal bitkisel yağlardır. Masaj yapmadan önce, derinin yağı daha kolay emebilmesi için, derin bir temizleme işlemi yapmanız faydalı olacaktır. Peeling bu derin temizliği size sağlayacak, vücudunuzu bütün kirlerden ve yağlardan arındıracaktır. Peelingden sonra, bir arkadaşınızın yardımıyla bitkisel yağlarla masaj uygulaması

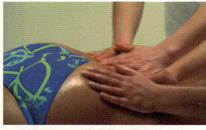
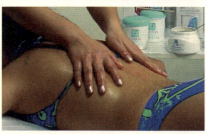
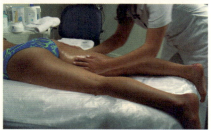
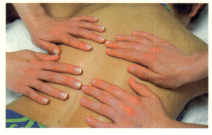
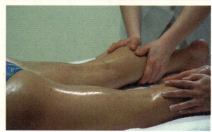

YAĞLAR / besleyici yağlarla masaj

yapabilirsiniz.
Şifalı otlarla haftada bir kez yapacağınız buhar banyoları cildinize canlılık ve bütün vücudunuza sağlık kazandırır. Normal ciltler için lavanta ve adaçayı, kuru ciltler için fesleğen

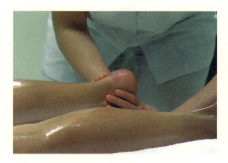

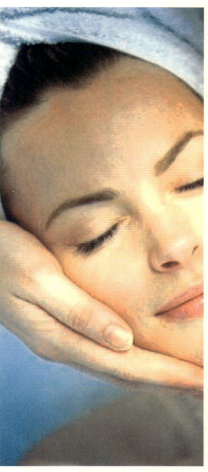

ve papatya, yağlı ve karma ciltler için nane ve limon kabuğu yararlıdır. Yüze uygulamak için ise, geniş bir kâseyi kaynar suyla doldurun. Su, biraz soğuduktan sonra içine sizin için uygun olan bitki karışımından 2 kaşık kadar atın. Karıştırıp 5 dakika kadar bekleyin. Geniş bir örtü ile başınızı kabın üzerine getirerek örtün. Gözünüzü kapatarak yüzünüzü buhara tutun. En fazla 3 dakika kadar bekledikten sonra yüzünüzü kurulayarak nemlendirici bir yağ veya krem sürün. Buhar banyolarından sonra kendinize yarım ya da bir saat ayırın. Yemekten iki saat sonrasına kadar saunaya girmeyin. Derinizi saunadan sonra doğal olarak kurutun. Isı banyolarında sıcaklığın ayarı çok önemlidir. Su 40-43 derece arasında tutulmalıdır. Küvetinizin içine bitkisel yağlar ve kokular atsanız bu sizi rahatlatacak ve psikolojik olarak mutlu kılacaktır.

YAĞLAR / masaj yağları

Malzeme:
* 1 tatlı kaşığı şarap
* 1 adet yumurta sarısı
* 2 damla zeytinyağı

Uygulama:
Malzemeler karıştırılıp yüze masaj yapılır. Çok faydası vardır.

YAĞLAR / masaj yağları

Malzeme:
* 6 damla günlük yağı
* 6 damla sardunya yağı
* 3 damla yasemin
* 12 damla lavanta
* 100 gr. susam yağı

Uygulama:
Malzemeler karıştırılır ve azar azar cilde sürülerek uygulanır.

YAĞLAR / yüz ve vücut yağları

Malzeme:
- Susam yağı
- Badem yağı
- Zeytin yağı
- Mısırözü yağı
- Avakado yağı
- Havuç yağı
- Kayısı yağı
- Fındık yağı
- Buğday özü yağı

Uygulama:
Bu yağların hepsi eşit miktarlarda karıştırılıp vücuda sürülebilir. Hassas ciltler için uygun değildir. Bu yağların her biri tek başına da vücut yağı olarak kullanılabilir.

YAĞLAR / yüz ve vücut yağları

Malzeme:
* 1 çay bardağı badem yağı
* ½ fincan fındık yağı
* 2 çorba kaşığı kayısı çekirdeği yağı
* Kokulu yağ özü (Mesela lavanta)

Uygulama:
Malzemeler karıştırılır ve bir cam kavanozda muhafaza edilir. Kullanım öncesi çalkalanması gerekir.

YAĞLAR / yüz ve vücut yağları

Malzeme:
* 8 damla papatya yağı
* 8 damla gül yağı
* 8 damla sandal ağacı yağı
* 100 gr. susam yağı

Uygulama:
Malzemeler karıştırılır ve cilde sürerek uygulanır.

YAĞLAR / kuru cilt için vücut yağları

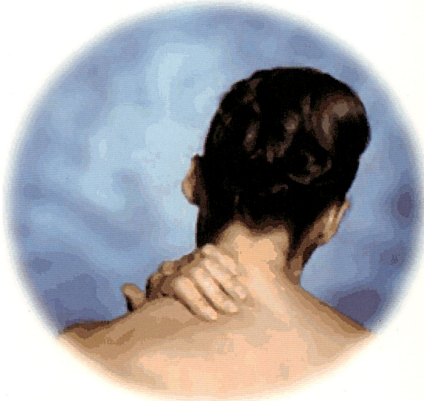

Malzeme:
* 1 kahve fincanı kakao yağı
* 1 kahve fincanı badem yağı
* 1 kahve fincanı zeytin yağı
* Zevkinize göre kokulu bir yağ özü

Uygulama:
Malzemeler bir arada ısıtılarak eritilir, mikserden geçirilir ve bir cam şişede muhafaza edilir.

YAĞLAR / yağlı ciltler için

Malzeme:
* 8 damla sedir ağacı yağı
* 10 damla limon yağı
* 6 damla ylang ylang
  (Uzak doğu bitki yağıdır.)
* 100 gr. susam yağı

Uygulama:
Malzemeler karıştırılır ve cilde sürerek uygulanır.

YAĞLAR / yağlı ciltler için

Malzeme:
* ½ su bardağı badem yağı
* 2-3 çay bardağı taze çiçekler

Uygulama:
Çiçekler tahta havanda ezildikten sonra, badem yağıyla karıştırılır. Kavanoza alınıp ağzı kapatılır. Bir hafta süre ile 24 saatte bir çalkalayarak ılıkça bir yerde muhafaza edilir. Bir hafta sonra tülbentten süzüp çiçekleri alınır. Yağ koyu renkli bir şişede, güneş görmeyen bir yerde muhafaza edilmelidir. 12-18 ay kullanım süresi vardır.

YAĞLAR / küvette kullanmak için

Malzeme:
* 1 çay bardağı şampuan
* ½ çay bardağı rendelenmiş sabun
* 1 çay bardağı kaynar su
* 3 yemek kaşığı badem yağı
* Birkaç damla çiçek özü yağı

Uygulama:
Sabun rendesi kaynar suda eritilip, yavaşça karıştırılır. Badem yağı ve çiçek özü kokuları da ilave edilir. Sıcak küvetinize sağlıklı naturel yağınız hazırdır.

YAĞLAR / küvette kullanmak için

Malzeme:
* 118 ml. sabun
* 1 su bardağı kaynamış su
* 3 yemek kaşığı badem yağı
* Birkaç damla lavanta

Uygulama:
Malzemeler karıştırılır ve banyoda vücut şampuanı olarak kullanılır.

YAĞLAR / kuru ciltler için güneş ve sonrası vücut yağı

Malzeme:
* ½ çay bardağı tatlı badem yağı
* 15 adet tane karanfil
* 6 çubuk tarçın kökü
* 1 adet greyfurt kabuğu
* 1 adet portakal kabuğu
* 1 adet mandalina kabuğu

Uygulama:
Malzemeler karıştırılır ve 15 gün badem yağında bekletilir. Her gün çalkalanır. 15 günün sonunda süzülür ve koyu renk cam şişede muhafaza edilir.

YAĞLAR / kuru ciltler için güneş ve sonrası vücut yağı

Malzeme:
* 1 çay bardağı badem yağı
* Papatya
* Zencefil
* Biberiye
* Nane
* Ada çayı

Uygulama:
Malzemeler eşit miktarda karıştırılır ve 15 gün badem yağında bekletilir. Her gün çalkalanır. 15 gün sonra süzülür ve koyu renk cam şişede muhafaza edilir.

YAĞLAR / güneş yanıkları için

Malzeme:
- 6 çorba kaşığı zeytin yağı
- 3 çorba kaşığı elma sirkesi
- ½ çay kaşığı tentirdiyot
- 12 damla lavanta yağı

Uygulama:
Malzemeler karıştırılır ve cilde sürülerek uygulanır. (Normalin dışında, fazla yanık varsa, mutlaka doktora gidilmelidir.)

YAĞLAR / güneş için

Malzeme:
* 1 çorba kaşığı lanolin
* 4 çorba kaşığı susam yağı
* 6 çorba kaşığı gül suyu
* 1 çay kaşığı Elma sirkesi
* 2 damla bergamut özü yağı

Uygulama:
Lanolin kısık ateşte eritilir. Susam yağı da ısıtılıp yavaşça birbirine karıştırılır. Gülsuyu ve sirke çırpılarak ilave edilir. İyice çırpılıp soğutulduktan sonra, bergamut da eklenip cam şişede muhafaza edilir.

YAĞLAR / güneş için

Malzeme:
* 8 damla kekik yağı
* 8 damla fındık yağı
* 8 damla biberiye yağı
* 8 damla rezene yağı

Uygulama:
Malzemeler karıştırılır, bir şişeye alınıp çalkalanır. Vücuda bu karışımla masaj yapılırsa cilt pürüzsüzleşir.

SEKİZİNCİ BÖLÜM
SAÇ BAKIMI

SAÇ BAKIMI

Kadınlar güzellik konusunda zamanlarını, paralarını, enerjilerini en çok, saçları uğruna harcarlar. Saç, dış görünüşün en önemli unsurlarından biridir. Saçınızın şekli ve rengi gerçekten çevrenize belli bir imaj yansıtır ve bir anlamda yaşam şeklinizi ifade eder. Hareket ettikçe dalgalanan, ışıltılı, duruşu canlı, biçime giren bir saç sağlıkla çalışan bir vücutla,
doğru bakım programının bir sonucudur. Saçın karışık bir hücre yapısı vardır. İnsandan insana değişir. Yapı şekli temel olarak aynıdır: Her telde, ne kadar ince olursa olsun üç tabaka bulunur. Ortalama olarak saç ayda 1.3 cm uzar. Yaşlandıkça uzama yavaşlar. Saçlar kesildiğinde daha gür ve sağlıklı bir görünüm kazanır. Sağlıklı saçlar sağlıklı bir vücudun parçasıdır.

KISA SAÇ BAKIMI

Kısa saçın bakımı uzun saça nazaran daha kolaydır. Güzel saç son derece temiz ve parlaktır. Bunun için planlı bir bakım programı uygulamak gerekir. Bu programı hazırlamak içinse saçınızı çok iyi tanıyıp, saç tipinizi bilmeniz gerekmektedir. Kuru mu, yağlı mı, boyalı mı, permalı mı, rengi açılmış mı? Dokusu nasıl, kolay kıvrılabiliyor mu, gür mü, seyrek mi? Bunlar bilinmeden bir program yapılmamalıdır.

Saç Kesimi

Saçın boyu ne olursa olsun, altı haftada bir kesilmelidir. Kısa saç tercih ediyorsanız daha sık kestirmeniz gerekir. Saç kendi başına uzamaya bırakılmamalıdır. Kendi haline bırakılan saç giderek bakımsız bir görünüm alır, uçları çatallaşır ve daima karışıkmış gibi görünür. Saç yıkandaktın sonra ıslakken kesilmeli, saç kesimi özenle yapılmalıdır. Saçlar güvenilen bir kuaföre kestirilmelidir. Saçları en iyi tanıyan kişi devamlı gidilen kuaförüdür. Size uygun kesim ve saç şeklini uyguayabilecek olan kişi de yine odur.

UZUN SAÇ BAKIMI

Uzun saçlara şekil verilmesi kolay ve çeşitlidir, kolay şekle girerler. Fakat uzun saçların bakımı kısa saça göre çok daha zordur. Saçınızla ilgili renk, biçim gibi bir konuda değişiklik yapmaya karar verdiğinizde, saçınızın üç niteliği, yani dokusu, hacmi, şekli hakkında bilgi sahibi olmalısınız. Yumuşak, ince saç telinin çapı dardır. Çoğu zaman seyrek olan bu saçlar kısa ve küt kesildiklerinde daha gür görünürler. Kalın telli saçlar genelde sağlamdır. Bazen sert de olabilirler ve idaresi zordur. Kalın telli saçlar dalgalı değillerse çok kısa kesilmemelidirler yoksa çok fazla kabarırlar. Orta kalınlıktaki saçlara çok kolay şekil verilebilir. Gür saçların, biraz seyreltilmeleri ve kolay biçime girmeleri için kat kat kesilmeleri daha doğrudur. Saç çok sıksa ayrıca kıvırcıksa kısa kesmekten kaçınılmalıdır.

SAÇTA BİÇİM DEĞİŞİKLİĞİ

Saçın dokusu değiştirilemez, şekli değiştirilebilir. Bu, kimyasal bazı karışımlarla, ısının yardımıyla yapılır. Değiştirme ne kadar fazlaysa, uygulanan yöntem o kadar sert olur. Bu yüzden değişen, çok işlem gören saça daha fazla bakım uygulamak gerekir. Boya, perma, saç rengini açma vb. işlemlerde kullanılan ilaçlar tamamen doğal malzemeden yapılmadıkları için saçı yıpratırlar.

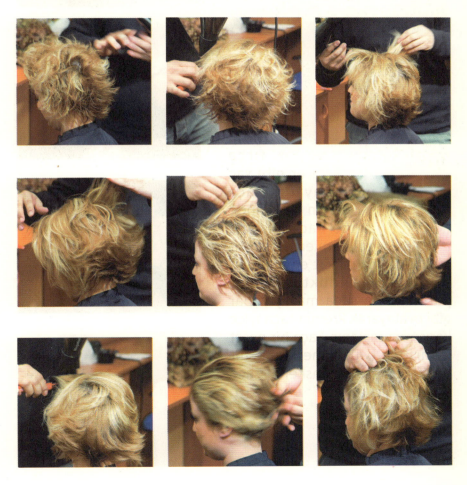

Boyalı, Yapranmış Saçlar İçin Maske Uygulaması

Malzeme:
* 1 yemek kaşığı öğütülmüş çörek otu
* 1 yemek kaşığı öğütülmüş polen
* 1 yemek kaşığı öğütülmüş nane
* 1 yemek kaşığı öğütülmüş ısırgan otu
* 1 kahve fincanı susam yağı

Uygulama:
Malzemeleri bir kaba boşaltılıp iyice karıştırılır. Bir fırça yardımıyla boya sürer gibi saç diplerinden başlayarak saça uygulanır. Bu işlem bittiğinde kalan malzeme saç uçlarına sürülür. Saçta kremlenmedik yer kalmamasına dikkat edilmelidir. Tamamı sürüldükten sonra parmaklarla saça masaj yapar gibi ovalayarak kremin saça iyice karışması sağlanır. Saça bir poşet geçirilir ve üzerine sıcak bir havlu sarılır. Isı maskenin saça daha iyi nüfuz etmesini sağlayacaktır.

Boyalı, Yapranmış Saçlar İçin Maske Uygulaması

Maskeyi bir saat bekletip yıkayabilirsiniz. Bu maske saç diplerini besler. Saçınızdaki kepeği gidermek için bu maskeye biraz tuz ilave etmeniz yeterli olacaktır. Tuz gözeneklerin sıkışmasını sağlar. Kepek için ayrıca yağlı bir karışıma 1 çay kaşığı tuz ilave edilip saça sürülür. Durulama suyuna elma sirkesi eklenir. Saçınız canlı ve parlak olacaktır.

Boyalı, Yapranmış Saçlar İçin Maske Uygulaması

Malzeme:
* 250 gr. kil (fırınlanmış)
* Birkaç damla biberiye yağı
* 2 yemek kaşığı tereyağı

Uygulama:
Malzeme bir kap içerisine alınıp, üzerine çıkacak kadar su eklenir. Malzeme eriyinceye kadar karıştırılır. Hamur kıvamına getirilir. Tereyağı ve biberiye yağı da ilave edilip iyice karıştırılır. Boya sürer gibi bir fırça yardımıyla uygulanır. Saç tutam tutam alınarak, uygulamaya saç diplerinden başlanır. Dipler bitince maskenin geri kalanı saçın diğer bölümlerine uygulanır. Parmaklarla masaj yapar gibi saça dağıtılır. Saç toplanarak üzerine poşet geçirilir ve üzerine sıcak bir havlu sarıp bir saat beklenir. Saçlar yıkandığında maskenin faydası hissedilecektir. Saçınız daha canlı, parlak ve sağlıklı bir görünüm alacaktır.

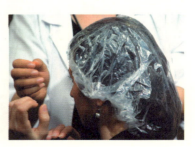

SAÇ TONİĞİ

Malzeme:
* Isırgan Yaprağı
* Lavanta
* Ihlamur

Uygulama:
Malzemeler kaynatılır ve suyu süzülür. Elde edilen su ile, saçlara püskürtülerek firiksiyon yapılır. Bu şekilde yatıp sabah saçlar yıkanır.

SAÇ DÖKÜLMESİ

Saç dökülmeleri genelde genetiktir ama kader değildir. Onun için önlem almak gerekir. Saç bakımını ihmal etmeyin. Kimyasal şampuanlar saç dökülmelerine neden oluyor. Bu yüzden bebe şampuanları veya bitkisel şampuanları tercih edin. Saçlarınız havasız kalmamalı. Şapka, veya sentetik eşarplar saçın dökülmesine sebep olabilir. Saçlarınız da sağlıklı yaşam ister. Sigara, alkol ve bazen katı rejimler de saç dökülmesine neden olur. Ara sıra saç diplerine limon suyu ile firiksiyon yapılmalı ve yavaşça fırçalanmalıdır.

Malzeme:
* 1 adet soğan suyu
* Soğan suyuyla aynı ölçüde susam yağı
* 1 kaşık bal

Uygulama:
Soğan suyu, susam yağı ve bal karıştırılır. Boya sürer gibi fırçayla sürülür. Firiksiyon yapılır ve streç folyoya sarılır. Bir saat bekletilir ve sonra yıkanır.

SAÇ DÖKÜLMESİ

Malzeme:
* Yabani pancar

Uygulama:
Pancarın suyu çıkarılır, saç ve sakala firiksiyon yapılır. Saç ve sakal dökülmesini önler. (Yabani pancar Şile, Adapazarı tarafında bulunur).

Malzeme:
* Reçine
* Zeytin yağı

Uygulama:
Malzemeler karıştırılır ve saç diplerine sürülür.

SAÇ DÖKÜLMESİ

Malzeme:
* 1 kahve fincanı susam yağı
* 2 yemek kaşığı killi su
* 1 yemek kaşığı bal
* ½ limon

Uygulama:
Malzemeler karıştırılır. Saçlar ıslatılır. Hazırlanan maske saçlara yedirilir ve 45 dakika süreyle bekletilir. Sıcak havlularla kompresler yapılır.

SAÇ DÖKÜLMESİ

Malzeme:
* ½ fincan asidi alınmış zeytinyağı
* 2 yemek kaşığı elma sirkesi
* 1 tutam defne yaprağı

Uygulama:
Malzemeler karıştırılır ve kaynatılır. Karışım soğuduktan sonra saç diplerine sürülerek uygulanır.

SAÇ DÖKÜLMESİ

Malzeme:
* Nane
* Çay
* Ceviz yaprağı
* 2 su bardağı su
* ½ fincan çörekotu yağı
* 2 kapak sirke

Uygulama:
Birer tutam nane, çay, ceviz yaprağı suda kaynatılır, süzülür ve suyu alınır. 1 kahve fincanı bitki suyuna çörekotu yağı ve sirke karıştırılıp fırçayla saç diplerine sürülerek uygulanır. Bir saat sonra yıkanır.

SAÇ DÖKÜLMESİ

Malzeme:
* Susam yağı
* Defne tohumu yağı
* Çörek otu yağı
* Çam terebentin esansı

Uygulama:
Hepsinden birer ölçü karıştırılır ve saç diplerine yedirerek sürülür. Bir saat sonra yıkanır. Saçlar parlak ve canlı bir görünüm alır.

SAÇ DÖKÜLMESİ

Malzeme:
* Beyaz lahana

Uygulama:
Lahana mikserden geçirilir ve suyu çıkarılır. Saç diplerine sürülerek uygulanır. Kepeklere ve saç dökülmesine iyi gelir. Aynı şekilde soğan suyu da saç diplerini kuvvetlendirir.

SAÇ DÖKÜLMESİ

Malzeme:
* 500 gr. su
* 100 gr. ısırgan otu
* ½ kahve fincanı sirke

Uygulama:
Isırgan otu suda kaynatılır ve suyuna sirke katılır. 10 gün süreyle saç diplerine sürülerek friksiyon yapılır.

KEPEKLİ SAÇLAR

Malzeme:
* Dul avrat otu
* Kara kafes otu
* Mürver ağacı otu
* Hatmi çiçeği otu
* Maydonoz
* Ada çayı
* Isırgan otu
* 1 yemek kaşığı limon veya sirke
* 4 su bardağı kaynar su

Uygulama:
Her ottan birer çorba kaşığı alınır ve kaynar suda demlenir. Limon veya sirke de ilave edildikten sonra süzülür. Elde edilen su ile saç diplerine masaj yapılır ve soğuk su ile durulanır. Saça parlaklık verir ve dökülmesini engeller.

KEPEKLİ SAÇLAR

Malzeme:
* 10 damla kekik esansı
* 25 gr. badem yağı
* 1 çay kaşığı tuz
* 5 damla limon

Uygulama:
Malzemeler karıştırılır ve saç diplerine sürülerek uygulanır.

ERKEN BEYAZLAYAN SAÇLAR

Malzeme:
* 1 adet soğan
* 1 adet sarımsak (5 tane)
* 1 yumurta sarısı

Uygulama:
Soğan ve sarmısak ezilir. Yumurta sarısı da ilave edilip saçlara boya sürer gibi sürülerek uygulanır. 30 dakika sonra yıkanır.

SAÇKIRAN

Malzeme:
* 1 kahve fincanı domuz yağı
* 1 kahve fincanı ezilmiş sarımsak

Uygulama:
Malzemeler karıştırılır ve saç derisine sürülerek firiksiyon yapılır. Saçlara bir havlu sarılarak iki saat bekletilir. Bu uygulamanın haftada 2 gün yapılması gerekir. (Hassasiyeti ölçmek için önce ensede denenmelidir. Alarjik bir reaksiyon olmazsa uygulanabilir.)

DOKUZUNCU BÖLÜM
EL BAKIMI

EL BAKIMI

Elin üstündeki ince deri yumuşaktır. El, yaşlılığı vücudun öbür kısımlarından çok daha önce gösterir. Bir yüz plastik ameliyatla gerdirilebilir, ele bu yapılamaz. Onun için ellerin yaşlanmasını bakımla engellemek gerekir. Herşeyden önce, deterjanlar, evde kullanılan temizleyiciler elleri mahveder. Güneş, soğuk, yağmur, deniz, vb. etkenler de ellerin yıpranmasına sebep olur. Ellere sıksık bakım yapmak gerekir.

EL BAKIMI / El ve parmak egzersizleri

Eller, egzersiz sayesinde daha esnek, daha zarif olur. Bu arada kan dolaşımı da hızlanır.

Yumruk Açma: Yumruğunuzu iyice sıkın. Sonra parmaklarınızı öne doğru, mümkün olduğu kadar açın. İki elle aynı zamanda yapın. Bu hareketi en az 6 defa tekrarlayın.

Parmak Ayırma: Ellerinizi tam önünüze koyun. Avuçlar yere gelsin, parmaklar birbirine sıkıca bitişsin. Parmakların aralarını mümkün olduğunca açın. Bu hareketi en az 6 defa yapın.

Elle Daire Çizme: Eller rahat, gevşek olmalıdır. Sonra bileklerden bükerek havada önce bir yöne doğru, sonra ters yöne doğru daireler çizin. İki yana da 10'ar daire çizmelisiniz.

Elleri Havaya Kaldırma: Elleri, avuçlar yere bakacak şekilde, zarifçe tutun. Sonra bileklerden yukarıya doğru ağır ağır kaldırın. Yine ağır ağır indirin. Eller rahat olmalı, fakat fazla gevşememelidir. Bu hareketi 10 defa yapın.

EL BAKIMI / Peeling

Malzeme:
* 1 adet yumurta sarısı
* 1 tatlı kaşığı bal
* Kepek unu (Alabildiği kadar)

Uygulama:
Yumurta sarısı ve bala, alabildiği kadar kepek unu karıştırılıp ellere ovarak peeling yapılır.

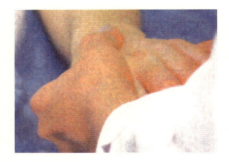

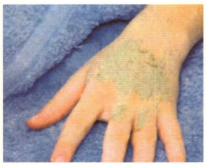

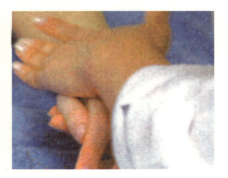

EL BAKIMI / MASAJ - Sert kuru eller için

Malzeme:
* 1 litre sıcak su
* 1 tatlı kaşığı soda
* 1 tatlı kaşığı karbonat

Uygulama:
Malzemeler karıştırılır, eller bu karışımda bekletilir ve masaj yapılır.

EL BAKIMI / MASAJ - Sert kuru eller için

Malzeme:
* 1 şişe gliserin
* 1 limon suyu

Uygulama:
Malzemeler karıştırılır ve ellere sürerek uygulanır.

EL BAKIMI / MASKE

Malzeme:
* 1 lt. arap sabunlu su
* 1 tatlı kaşığı karbonat

Uygulama:
Su ile karbonat karıştırılır. Eller suya batırılır ve 10 dakika masaj yapılır.

EL BAKIMI / MASKE

Malzeme:
* Nane
* 1 yumurta akı
* 2 veya 3 damla limon
* 2 veya 3 damla gliserin

Uygulama:
Nane kaynatılır, suyu süzülür ve diğer malzemeler de ilave edilip karıştırılır. Ellere maske olarak sürülerek uygulanır.

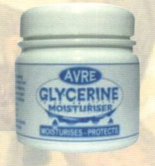

EL BAKIMI / kremler

Malzeme:
* 4 çorba kaşığı vazelin
* 2 avuç taze mürver çiçeği

Uygulama:
Vazelin kısık ateşte eritilir ve çiçekler de ilave edilerek sık sık karıştırarak pişirilir. Süzülerek kavanozda muhafaza edilir. Sabah ve akşam kullanılabilir.

EL BAKIMI / kremler

Malzeme:
* 4 çorba kaşığı gliserin
* 1 orta bardak çay
* 4 çorba kaşığı mısır nişastası
* 3 damla gül yağı özü

Uygulama:
Gliserin ve mısır nişastası karıştırılır. Benmari usulüyle kalınlaşıncaya kadar ısıtılır. Soğuduktan sonra gül yağı da ilave edilip kavanozda muhafaza edilir. Masaj yapıldığında sonuç mükemmeldir.

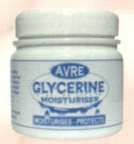

EL BAKIMI / terleme için

Malzeme:
* 1 bardak su
* 1 bardak alkol

Uygulama:
Su ve alkol karışımlı sıvıya eller batırılıp çıkarılır.

EL BAKIMI / terleme için

Malzeme:
* 1 litre su
* 3 kapak ispirto veya zefiran

Uygulama:
Karıştırılır ve bu karışımla eller yıkanır.

EL BAKIMI / manikür

Küçük bir gayretle ellerinizin güzelliğini sağlayabilirsiniz. Tırnak bakımınızı gereği gibi yapmadan onları boyamanın hiçbir anlamı yoktur.

Elleriniz tam istediğiniz gibi, yani yumuşak ve sağlıklı ama tırnaklarınız törpüsüz, kenar etleri uzamış ve iyice sertleşmiş. Yine evdeki malzemelerle tırnakbakımınızı gerçekleştirebilirsiniz. Tabii bunun için bir manikür seti edinmeniz gerekir. Öncelikle ılık su hazırlanır. Sıcak su asla kullanılmamalıdır. Çünkü sıcak su tırnaklarınızın kurumasına yol açar. Su, bir damla duş jeli veya saç şampuanı damlatılarak köpürtülür. Eğer

tırnaklarınızın vitamine ihtiyacı varsa saf zeytinyağı ve bir limonun suyu bir kasede çırpılarak hazırlanır.

Eller ılık suya batırılıp 10 dakika bekletilir. Tırnak etleri yumuşadıysa sudan çıkarılıp havluyla kurulanır. Eğer daha önce tırnak etleri et makasıyla hiç kesilmediyse (yaygın olarak uygulanmasının aksine hiç de önerilmez) diğer elinizin baş ve işaret parmakları yardımıyla tırnak etlerini geriye doğru itiniz. Bu uygulama için artık çok geçse tırnak etlerini temizlemeye yarayan makasın hijyeninden emin olarak dikkatlice tırnak çevresini saran etler temizlenir. Bir sonraki aşamada törpü yardımıyla tırnaklara istenilen şekil verilir. Elleri tekrar suya

EL BAKIMI / manikür

batırıp törpü artıklarının temizlenmesi sağlanır. Tırnakların çevresinde beyaz et parçaları kalmışsa, manikür setindeki temizleme aracıyla, yumuşak hareketlerle temizlenir. Elleri suya sokup temizledikten sonra hafifçe nemi alınır. Bu arada içinde zeytinyağı ve limonlu karışımın bulunduğu kase alınıp, her el 15'er dakika süreyle içinde tutulur. Bu karışım tırnakları besleyeceği gibi ellerin de yumuşamasını sağlayacaktır. Son olarak eller hazırlanan solüsyondan çıkarılıp ılık suyla yıkanır. Havluyla nemi alınıp kendiliğinden kuruması beklenir. Tırnaklar iyice kuruduktan sonra dikkatle oje sürülür. İşte artık bakımlı ve güzel ellere sahipsiniz!

Törpüleme

Tırnaklarınızın kırılmasını istemiyorsanız onları oval veya kare şeklinde törpülemelisiniz. Sivri uçlu tırnaklar çabuk kırılırlar. Köşeleri ve kenarları fazla derin törpülemek tırnakları zayıflatır. Törpüleme işlemi tırnağın köşelerinden ortalarına doğru, uzun vuruşlarla yapılır. Ellere çoğunlukla yakışan uzunluk parmak ucuna kadar uzatılan tırnaklardır. Pratik olanı da budur. Yatmadan önce her akşam mutlaka besleyici kullanılmalıdır. Besleyicilerin en iyi alternatifi ise birkaç damla zeytinyağıdır.

Manikür sırasında tırnak etlerinin kesilmesi tırnak enfeksiyonuna sebep olabilir. Bunun yerine tırnak etini, uygun yumuşatıcılarla yumuşatıp daha sonra dibe iterek bakımı yapılmalıdır. Fazla ölü deri kesilebilir. Parmaklar uzunsa istenilen renkte oje kullanılabilir. Tırnaklar kısaysa uçuk veya

EL BAKIMI / manikür - Tırnak kırılmasını önlemek için

bej tonlarında renkler tercih edilbelidir. Uçuk renkler aynı zamanda geniş tırnaklar için de uygundur. Ancak geniş tırnakları dar göstermek için kenarlarında biraz boşluk bırakarak uygulanmalıdır. Gündüz sade renkler kullanılmalı fakat geceleri sedefli ojeler tercih edilmelidir.
Güneşten bronzlaşmış teninizde sedefli ojeler daha güzel duracaktır.

Malzeme:
* 15 gr. sirke
* 20 gr. gliserin
* 40 gr. su

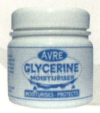

Uygulama:
Malzemeler karıştırılıp tırnaklar 15 dakika içinde bekletilir.

EL BAKIMI / PÜF NOKTALARI

* Elleri ıslatan işler yapılacağı zaman lastik eldiven giyilmelidir, içleri pamukla kaplı olanlar en iyileridir.

* Eller günde birkaç defa yumuşak sabunla yıkanmalı, bol temiz suyla durulanmalı, kuruladıktan sonra da iyice kremlenmelidir. Günde en az bir defa parmakları, tırnakları sertçe bir fırçayla, yumuşak sabunla fırçalalamak gerekir.

* Haftada bir, vakit varsa iki defa, ellere çok yağlı bir kremle masaj yapılmalıdır.

* Geceleri ellere kalın tabaka krem ya da vazelin sürüp pamuklu eldiven giyerek yatmak eller için çok yararlıdır.

* İlk yardım sayılacak bir tedavi: El üstlerine sürülecek sıcağa yakın bir parafin tabakası gözenekleri açar, zararlı maddeleri çıkarır, cildi temizler

* Limon, parmakları temizleyip renkleri açar. Ancak limon suyu cildi kuruttuğu için, daha sonra krem sürülmelidir.

EL BAKIMI / PÜF NOKTALARI

* Elleri yıkadıktan sonra, içine az sirke katılmış suyla durulanırsa kuruma ve çatlamalara, daha başka rahatsızlıklara engel olunur.

* Eller her yıkamadan sonra kremlenirse tırnaklar tabii nemini kaybetmemiş olur.

* Yumuşak tırnakların en büyük düşmanı sudur. Bulaşık yıkarken mutlaka eldiven kullanılmalıdır.

* Eğer tırnaklar zayıf ise oje sürdükten sonra uç kısımlarının alt tarafına da şerit şeklinde oje sürülmelidir. Bu uygulama yumuşak tırnakların korunmasını sağlayacaktır.

* Islak ojeleri kurutmanın en kolay yolu elleri buzlu suya sokup çıkarmaktır.

* Kırık tırnakları onarmak için çay poşeti veya kahve filtresinden kesilecek küçük bir parça, çatlağın üzerine tırnak yapıştırıcısı ile yapıştırılır. Kuruduktan sonra törpüyle düzeltilir. Sonra üzerine oje uygulanabilir.

EL BAKIMI / PÜF NOKTALARI

* Eğer tırnakların içinin fazlaca kirlenebileceği bir işle uğraşılacaksa, örneğin bahçede çalışılacaksa, çalışmadan önce el sabununu tırnaklayarak, tırnak aralarınızın sabunla dolması sağlanır. Sabun kirlerin tırnak aralarına girmesini engelleyecektir.

* Tırnaklardan mürekkep lekesi gibi lekeleri çıkartmak için, kullanılmayan diş fırçasına alınacak biraz macunla tırnaklar fırçalanır. Leke çıkacaktır.

* Tırnaklar banyodan sonra en zayıf konumundadır. Tırnak törpüleme işlemi tırnaklar iyice kuruduktan sonra yapılır.

* Tırnak aralarının pamuklu çubuklarla temizlenmesi tırnak fırçası kullanımından daha sağlıklıdır.

ONUNCU BÖLÜM

MAKYAJ

MAKYAJ / HAZIRLIYAN: HANDAN KARAEL

Aslında çocukluğumdan beri bu işin mutfağında büyüdüm.

Annem Suna Dumankaya'nın işine bağlılığı ve yıllardır işini severek yapması beni meslek seçiminde olumlu yönde etkiledi.

Kendisi hem annem, hem öğretmenim hemde gurur duyduğum bir insandır.

12 yıldır profesyonel olarak annemle beraber çalışmaktayız. Ondan öğrendiğim bilgileri sizinle paylaşmaktan mutluyum.

Handan Karael

MAKYAJ

Makyaj yapmayan kadın yoktur. Kimisi zaman zaman, kimisi hergün, mutlaka makyaj yapar. Makyajın vazgeçilmez beş malzemesi vardır: fondöten, pudra, allık, rimel ve ruj. Malzemeleri doğru olarak uygulamayı bilmek gerekir. Makyaj yapmak nasıl önemliyse, yapılan makyajı temizlemek de bir o kadar önemlidir. Yanlış temizleme hiç temizlememekten daha kötüdür. Yapılan hatalar kullanılan yanlış ürünler, cildin doğal koruyucu yağlarını ve nemini kaybetmesine sebep olabilir. Öncelikle mutlaka cilt tanınmalıdır. Cilt tipi bilinmeden temizleme ürünleri alınmamalıdır. Yanlış ürünlerin kullanımı cilde zarar verecektir. Her zaman evimizde yaptığımız doğal malzemelerin, kremlerin cilde daha faydalı olduğu unutulmamalıdır. Cildi temizlerken ellerin temiz olmasına dikkat edilmelidir. Evde hazırlanan temizleme sütü temiz

MAKYAJ

bir pamuk ya da bez yardımıyla cilde yayılır ve makyaj temizlenir. Sert hareketlerden kaçınılmalıdır. Sütle iyice makyajı temizledikten sonra, yine daha önce hazırlanan tonik cilde uygulanır. Tonik makyajdan arta kalan kir ve yağları iyice temizleyecek ve gözenekleri sıkıştıracaktır. Tonikleme işleminden sonra mutlaka bir nemlendirici krem sürülmelidir. Yine evde hazırlanan nemlendirici krem bunun için idealdir. Böylece makyaj temizlenmiş ve cilt rahatlamış olur. Cilt temizliği için mutlaka makyajlı olmak gerekmez. Makyajsız, hava kirliliği ve diğer etkilerle yorulmuş bir cilt de yine aynı yöntemle temizlenmelidir. Cildin günlük temizlik ve bakımına özen gösterilmelidir. Gün ışığında makyaj kontrol edilmeli, renk uyumuna dikkat edilmelidir. Makyaj adım adım ve şu sırayla yapılmalıdır: ten, gözler, dudaklar. Asla boya kutusuna düşmüş gibi ağır ve yoğun makyaj yapılmamalıdır. Gözler ve dudaklar aynı anda vurgulanmamalıdır. Gözlere belirgin makyaj uygulandıysa dudakların açık ve hafif tonda boyanması, dudaklara belirgin makyaj uygulandıysa, gözlerin açık ve hafif tonda boyanması gerekir. Kusurları unutmak, güzel yanları öne çıkarmak ve gülümsemek gerekir. Gülümsemek hem yüzü aydınlatır hem de yorgunluğun kaybolmasını sağlar.

İşte size makyaj yapmanın sırları.

MAKYAJ

Göz farı kullanırken

Far rengi göz rengine uygun olarak seçilmelidir. Yeşil gözlüler; lila, mor, altın sarısı, turuncu, mürdüm, lal renklerini, mavi gözlüler; gri, turuncu, şeftali rengi, fildişi, kahverengi gözlüler; mor, lila, turuncu renklerini tercih etmelidirler. Farınızı taşırdınız. Kuru bir pamuklu çubuk ile fazla kısmı silin. Asla ellerinizle silmeye çalışmayın, hem daha çok yayarsınız hem de göz makyajınız tamamen bozulur. Farınız fazla kaçtıysa, büyük ve temiz bir fırça ile gözünüzün dış kısmına kaçırmadan far fazlalıklarını alın. Farın tozcukları yüze yapıştıysa, büyük ve temiz bir  fırça ile, tozcuklar hafifçe yüzün dışına doğru fırçalanır. Bir dahaki sefere aynı sorunla karşılaşmamak için farı sürmeden önce göz kapakları pudralanmalıdır.

MAKYAJ

Göz makyajı yaparken

Gözün iç köşesinden ince olarak başlanır, göz ortasından dış köşeye doğru çizgi kalınlaştırılır. Gözler daha büyük görünecektir. Doğal görünümlü eyeliner için, kirpikler boyunca ince ve tek bir hat olarak uygulanmalıdır.

Eyeliner veya göz kalemi kahverengi veya gri tonlarından seçilmelidir. Siyah renk bakışları daha belirgin ama daha sert yapar.

Göz kapağına uygulanan farın kalıcı olmasını sağlamak için, far ya da nemlendirici göz kapağına sürülmemelidir. Bu işlem farın ömrünü azaltır. Bunun yerine toz pudra ve beyaz bir far ile gözleri makyaja hazırlayıp, açıktan koyuya doğru, gözlerin rengine ve tene uygun renkler seçip makyaj yapılmalıdır. Rimel göz kapağına bulaştığı zaman, kuru bir pamuklu çubuk ile hafifçe bulaşan kısım silinmelidir. Eğer farın bozulmasına neden olursa uygulanan renk tekrar üstünden geçilebilir.

Rimel fazla olduysa kaş fırçası ile kirpikler dikkatlice fırçalanır rimel fazlası alınır. Kaş fırçası yoksa, bir kağıt mendili üst ve alt kirpiklerin arasına alıp gözler kapatılır. Fazlalık geçene kadar işlem tekrarlanır.

MAKYAJ

Göz makyajı yaparken

Gözün iç köşesinden ince olarak başlanır, göz ortasından dış köşeye doğru çizgi kalınlaştırılır. Gözler daha büyük görünecektir. Doğal görünümlü eyeliner için, kirpikler boyunca ince ve tek bir hat olarak uygulanmalıdır. Eyeliner veya göz kalemi kahverengi veya gri tonlarından seçilmelidir. Siyah renk bakışları daha belirgin ama daha sert yapar. Göz kapağına uygulanan farın kalıcı olmasını sağlamak için, far ya da nemlendirici göz kapağına sürülmemelidir. Bu işlem farın ömrünü azaltır. Bunun yerine toz pudra ve beyaz bir far ile gözleri makyaja hazırlayıp, açıktan koyuya doğru, gözlerin rengine ve tene uygun renkler seçip makyaj yapılmalıdır. Rimel göz kapağına bulaştığı zaman, kuru bir pamuklu çubuk ile hafifçe bulaşan kısım silinmelidir. Eğer farın bozulmasına neden olursa uygulanan renk tekrar üstünden geçilebilir. Rimel fazla olduysa kaş fırçası ile kirpikler dikkatlice fırçalanır rimel fazlası alınır. Kaş fırçası yoksa, bir kağıt mendili üst ve alt kirpiklerin arasına alıp gözler kapatılır. Fazlalık geçene kadar işlem tekrarlanır.

MAKYAJ

Rujumuzu Sürerken...
Ruj dudak kenarlarınıza taşarsa, önce çubukla taşan kısımlar temizlenir, sonra pamuklu çubuğun ucu bir parça fondötene batırılıp lekeler kapatılır, pudralanır, ruj yeniden sürülür. Her dudağın doğal bir çizgisi vardır. Dudaklar inceyse, hattın daha belirgin ve daha dolgun olması için, biraz dışardan çizilmelidir. Kalın dudak yapısında ise çizgiyi biraz içeriden çizmek gerekir. Dudak şekli yüz ifadesini çok

değiştirdiği için önemlidir. Dudakların şeklini belirginleştirdikten sonra, makyaja uygun olarak seçilen ton kullanılarak hat yumuşatılıp içe doğru yayılmalıdır. Daha sonra pudralayarak üzerine ruj sürülür. İsteğe göre parlatıcıyı sadece alt dudağa sürmek yeterli olacaktır.

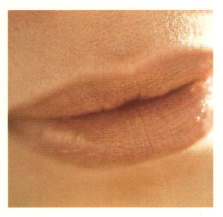

MAKYAJ MALZEMELERİNİN UYGULANIŞI
FONDÖTEN

Fondöten
Fondöten, yüze pürüzsüzlük sağlar ve onu makyaja hazırlar. Düzgün görünümlü bir ten ve makyajda başarılı bir sonuç için fondöten seçimi çok önemlidir. Kullanılan fondötenin yapısı ve rengi cildin tipine ve rengine uygun olmalıdır; cilt renginden daha açık bir fondöten rengi seçmek gerekir. Fondöten her zaman temiz ve nemlendirilmiş cilde uygulanmalıdır.

Nasıl Uygulanmalı?
Tüm fondötenleri sürerken parmak uçları kullanılmalıdır. Elin ısısı fondötenin akıcılığını artırdığı için hem cilde yedirmek daha kolay olur, hem de dayanıklılığı artar. En önemlisi daha doğal bir görünüm sağlar.
Fondöten, alna, burna, yanaklara ve çeneye benek benek sürülür. Az miktar ile başlanır, gerekirse ilave edilir. Çok fazla miktar, sürülmeyi zorlaştıracağı gibi maske etkisi de yaratır.
Fondöten, cilde parmaklarla basınç uygulayarak, ortadan kenarlara doğru tüm yüze yayılır. Boyun ve kulaklara doğru rengi iyice yedirilir. Yüzde renk bütünlüğü sağlamak için göz kapaklarının üzerine ve gözün alt kısmına da (kirpiklere değmeden) sürülür.
Profesyonel bir sonuç

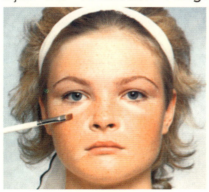

FONDÖTEN

isteniyorsa, nemli bir sünger ile yüzün dışına doğru fondötenin üzerinden geçilir. Diğer uygulamalara geçmeden önce fondötenin cilde iyice oturması için bir süre beklenir. Fondöteni yeni sürmenize rağmen sivilce veya göz altı halkaları tam kapanmamış olabilir. Bir kapatıcı ile bu hataları ayrıca düzeltmek gerekir.

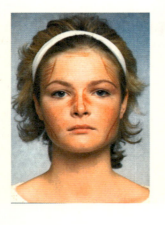

PUDRA

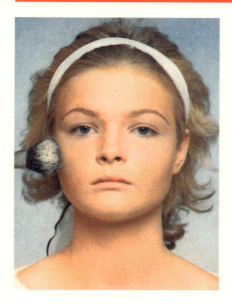

Makyajı sabitlemek ve gün boyu rötuş yapmak için idealdirler; toz pudralara göre daha iyi bir sonuç verirler.

Nasıl Uygulanmalı?

Toz pudra kullanıyorsa uygulama için pudra ponponu tercih edilmelidir. (Ponpon yoksa, bir pamuk pedin arasını açıp biraz toz pudra koyarak geçici bir ponpon yapılabilir.) Pudra hafif vuruşlarla, tüm yüze uygulanır. Daha sonra, büyük bir fırçayla fazlalıklar alınır. Kompakt pudra için fırça kullanmak en uygundur. Pudra uygulanırken fırça yüzde hızlı hareketlerle sağdan sola ve yukarıdan aşağıya dolaştırılır. Böylece pudra yüze eşit olarak dağılacaktır.

Pudra, makyajın vazgeçilmezidir. Teni matlaştırır, bütünlüğü sağlar ve fondöteni sabitler. İki türü vardır: Toz pudralar, çok ince ve hafif bir yapıya sahiptir; fondöteni matlaştırır ve şeffaf bir görünüm sağlar. Kompakt pudralar ise, taşınma ve kullanım kolaylığından dolayı daha çok tercih edilir.

FAR

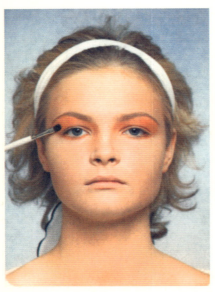 

Toz farınızı uygulamadan önce dikkat etmeniz gereken husus cildinizin temiz olmasıdır. Cildimize verdiğimiz önem bizi daha canlı gösterecektir. Göz farında kullandığımız tonu belirledikten sonra yapacağımız ilk husus göz altındaki morlukları belirleyip halkaları gölgelerle kapatmaktır. Göz kapağına yağlı nemlendiriciler ve göz kremi gelmemelidir. Çünkü bu farın kötü durmasına ve dağılmasına neden olur. Giyeceğimiz kıyafetin tonlarına uyumlu, sporsa hafif, gece kullanılacaksa biraz daha belirgin gölgeler yapılabilir.

RİMEL

Rimel, bakışlara yoğunluk, anlam ve güç kazandırır. Yorgun görünümü bir anda yok eder, canlılık verir. Seçilen rimelin özelliğine göre, kirpikler uzatılabilir, kıvrılabilir ya da onlara hacim kazandırılabilir. Rimelin fırçası düzenli olarak temizlenmelidir. Böylelikle daha önceki kullanımlarda kalmış olan artıklar kirpiklerin üzerinde topçuklar oluşturmaz.

Nasıl Uygulanmalı?
Rimelin iyi tutması için kirpikler temiz ve kuru olmalı. Eğer lens kullanılıyorsa, rimeli sürmeden önce lensler takılmalıdır.

Uygulamaya üst kirpiklerden başlanır. Aşağıdan yukarı yani köklerden uçlara doğru, fırçayı sürekli döndürerek ilk kat sürülür. Kirpiklerin kuruması beklenir, daha sonra ikinci kat uygulanır. Alt kirpiklere hacim kazandırmak isteniyorsa, fırça kirpik diplerinde yatay olarak gezdirilir. Eğer uzun görünmesi isteniyorsa, fırça dik olarak tutulup kirpikler tek tek boyanır. Kirpik fırçası ile fazlalıklar alınır ve kirpikler birbirinden ayırılır. Uygulama sırasında göz çevresine rimel bulaştıysa birkaç saniye beklenir ve bir pamuklu çubuk yardımıyla temizlenir.

ALLIK

Allık, yüze mutlu bir görünüm verir ve cilde canlılık kazandırır. Göz ve dudaklar arasındaki renk dengesini koruduğu için seçilen rengin ruj rengiyle uyumuna özen gösterilmelidir.

Nasıl Uygulanmalı?
Gülümsenir ve allık yanağın en yüksek noktasına sürülür. Yoğun görünmemesi, ayrı bir bölüm gibi durmaması için azar azar ve fırçadaki fazlalıkları üfleyerek uygulanır. Yüzün dışına doğru, dairesel ve hafif hareketlerle uygulama sürdürülür. Fırça, görünümde bütünlük sağlamak için, burun ucu, çene ve alna da hafifçe dokundurulur. Renk çok koyu veya yoğun kaçtıysa ten renginden daha açık bir pudra ile yoğunluk azaltılır.

RUJ

Nasıl Uygulanmalı?

Ruja uygun renkte bir dudak kalemi ile ortadan uçlara doğru dudaklar çevrelenir. Dudak kaleminin ucu iyice açık olmalıdır. Dudağın her tarafı kalemle doldurulur. Böylece hem rujun ömrü uzayacak hem de silinmeye başladığında dudaklar cansız görünmeyecektir. Artık ruj sürülebilir. Uygulama fırçayla yapılırsa daha iyi sonuç alınır.

Kalıcılığı artırmak için ilk katı sürdükten sonra fazlası kağıt mendille alınır ve ikinci kat sürülür.

Işıltılı görünüm için, dudakların tam ortasına renksiz bir parlatıcı sürülür.

Makyajı tamamlayan son dokunuştur. İyi uygulanmış bir ruj yüzü anında canlandıracak, hatta gözlerin parlaklığını vurgulayacak güçtedir. Renk seçimi, zevke, kıyafet rengine ya da moda renklere göre değişse de, dudakların biçimi de göz önünde bulundurulmalıdır. Dudaklar inceyse koyu renkli parlak rujlar, dolgunsa yumuşak tonlarda mat rujlar tercih edilmelidir.

GÜNDÜZ MAKYAJI

Gündüz Makyajı Uygulaması
* Öncelikle cilde uygun doğal bir tonikle cilttemizlenmelidir.
* Yine cilde uygun doğal bir nemlendirici göz kapağına sürülmeden bütün yüze sürülür.
* Bir kağıt mendil yardımıyla nemlendiricinin fazlası alınabilir.
* Göz çevrelerinden başlayarak, yüzün belli noktaları, açık renk fondötenle aydınlatılır. (Fondöten sürülürken, hafif,

Hanımlar genellikle makyajsız dışarı çıkmaz. İşe giderken, alışverişe giderken, ya da bir arkadaşlarıyla buluşacakları zaman hafif de olsa makyaj yaparlar. Sanırım bu biraz da kendilerini daha iyi hissetmelerini sağlar. Temiz ve bakımlı olmanın getirdiği kendine güven, daha mutlu bir yaşam sürülmesine neden olur. Günümüzde pek çok kozmetik markası var. Tavsiye edilen, önce cildin tanınması, daha sonra, en pahalı değil, cilde en uygun ürünün alınmasıdır.

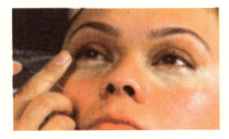

GÜNDÜZ MAKYAJI

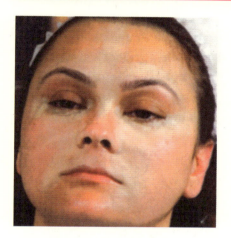

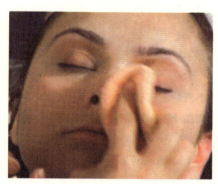

ve burnun iki yanına gölge verilir. Çene kısmının iki yanına gölge yapılır.
* Cilde uygun sıvı bir fondötenle gölgelendirilen noktalar güzel bir şekilde hafifçe boyna doğru inerek yayılır.
* Burun bölgesine fazla yaymadan hafifçe yedirilir.
* Boyun bölgesiyle yüz arasında renk farkı olmamasına dikkat ederek uygulamaya devam edilir.
* Aydınlık verilen noktalar parmaklarla dağıtılır.
* Burnun iç kısımlarının aydınlık noktaları dağıtılır. Göz çevresi, mimik çizgileri

belirsiz bir makyaj için sünger kullanılabilir ya da parmaklarınızla yayabilirsiniz.)
* Mimik çizgileri, burnun uç kısımları, dudak üstü ve çene kısmı aydınlatılır.
* Koyu renk bir fondötenle gölge verilmesi gereken yerler belirlenir.
* Elmacık kemiğinin biraz altı

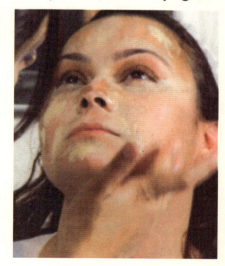

GÜNDÜZ MAKYAJI

kaynaştırılır.
* Gözün dışından başlayarak, hafifçe içe doğru çok az pudralanır. Daha sonra alna, mimik çizgilerine, çeneye pudra sürüp hafifçe bütün yüze dağıtılır.

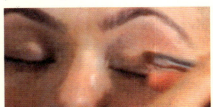

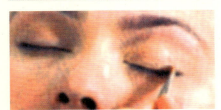

GÜNDÜZ MAKYAJI

* Seçilen far hafifçe nemli bir fırçayla yayılır.
* İnce bir eyeliner çekilir.
* Rimel sürülür. Alt kirpiklere rimel sürerken bulaşmaması için, kirpiklerin altına bir kağıt mendil konulur.
* Kaş fırçasıyla kaşlar düzeltilir. Toz far ya da kaş kalemiyle kaşlar renklendirilir. Tekrar kaş fırçasıyla fırçalanır.
* Dudakların hattı bir dudak kalemiyle belirlenir.
* Rujun rengi makyaj tonuna göre seçilip dudak fırçasıyla uygulanır.
* Allığı, yüz şekline göre, bütün yüze yaymadan sürmeye özen gösterilir.
* Allığı uygularken yüz yuvarlaksa yanaklardan şakaklara doğru üçgen, ovalse yanakların üzerine dairesel, kare veya dikdörtgense yanakların üzerine yatay, uzunsa yanakların hemen altından yatay ve hafif yukarı doğru uygulanmalıdır.
* Çok allık sürüldüyse hafifletmek için allık fırçası ile biraz toz pudra uygulanır.

GECE MAKYAJI

Gündüzleri yapılan makyaj çoğu zaman geçiştirilir. Bazen sadece bir rujla yetinilir. Ama gece dışarı çıkıldığında hem günün yorgunluğunu kapatacak, hem de ışıltılı bir görünüm sağlayacak bir makyaj yapılması gerekir. Bu sayfada verilecek gece makyajı adım adım uygulandığı takdirde gecenin en güzel kadını olmamak için hiçbir sebep yok. Yeterki doğru malzemeyi doğru uygulamasını bilelim.

Tene uygun makyaj yaparken, stick kapatıcılar daha kapatıcı ve kullanımı daha pratiktir. Ama likit kapatıcılara göre daha yağlıdır. Bu durumda cilt kuru veya normal ise stick, yağlı ve akneli ise likit kapatıcılar tercih edilmelidir. Kullanılacak fondöten için ideal renk, doğal cilt tonunun 1-1,5 ton açığıdır. Bu tonu yakalamak için en iyi yöntem alınacak fondötenin çene üzerinde denenmesidir. Tenle hiçbir ton farkı oluşturmuyorsa, doğru rengi buldunuz demektir. Karar vermeden önce bir de gün ışığında kontrol edilmelidir!

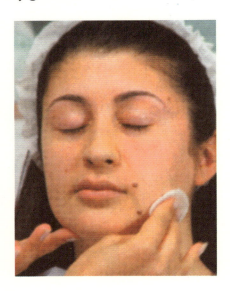

GECE MAKYAJI

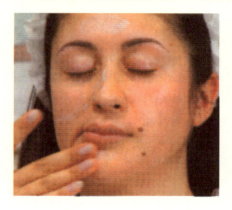

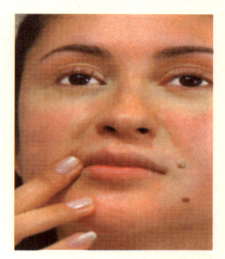

Gece Makyajı Uygulaması
* Öncelikle cilde uygun doğal bir tonikle cilt temizlenmelidir.
* Cilde uygun doğal bir nemlendirici göz kapağına sürmeden bütün yüze yayılır.
* Bir kağıt mendil yardımıyla nemlendiricinin fazlası alınabilir. Zira fazla nemlendirici makyajın ömrünü kısaltır. Sık sık tazelemek gerekir.
* Göz çevresinden başlayarak yüzün belli noktaları açık renk fondötenle aydınlatılır. (Fondöteni sürerken, hafif, belirsiz bir makyaj için sünger, daha etkili ve kapatıcı bir makyaj için el kullanılmalıdır.)
* Mimik çizgileri, burnun uç kısımları, dudak üstü ve çene

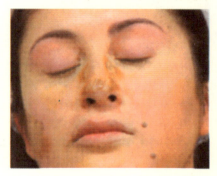

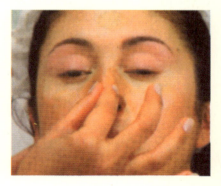

GECE MAKYAJI

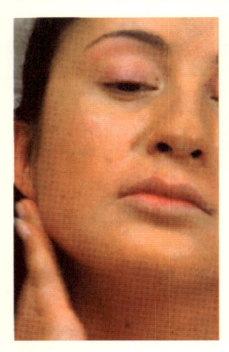

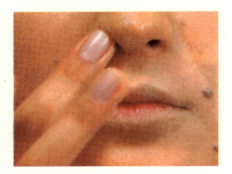

kısmı aydınlatılır.
* Koyu renk bir fondötenle gölge verilmesi gereken yerler belirlenir.
* Elmacık kemiğinin biraz altına, burnun iki yanına ve çene kısmının iki yanına gölge verilir.
* Cilde uygun sıvı fondötenle gölgelendirilen noktalar güzel bir şekilde hafifçe boyna inerek yayılır.
* Burun bölgesi fazla yadan hafifçe yedirilir.

* Boyun bölgesiyle yüz arasında renk farkı olmamasına dikkat ederek uygulamaya devam edilir.
(Fondötenin yüzde bir maske gibi durmasını önlemek için boyna, kulak ve saç diplerine de sürülmelidir.)
* Aydınlık verilen noktalar parmaklarla dağıtılır.
* Burnun iç kısımlarının aydınlık noktaları dağıtılır. Göz çevresi ve mimik çizgileri,

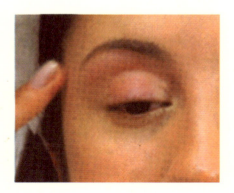

GECE MAKYAJI

kaynaştırılır.
* Gözün dışından başlayarak, hafifçe içe doğru çok az pudralanır. Daha sonra alna, mimik çizgilerine, çeneye pudra sürülüp hafifçe bütün yüze dağıtılır. (Toz pudralar, çok ince ve hafif bir yapıya sahiptir; fondöteni matlaştırır ve şeffaf bir görünüm sağlar. Kompakt pudralar ise taşınma ve kullanım kolaylığından dolayı daha çok tercih edilir. Makyajı sabitlemek ve gün boyu rötuş yapmak için idealdirler; toz pudralara göre daha pudralı bir sonuç verirler. Toz pudra sürerken, fırçayı pudraladıktan sonra, yüze sürmeden önce, fazlasını almak için mutlaka üflenmelidir.)
* Göz çevresinde bir parça pudra bırakılır. Toz far kullanıldığı takdirde, alta dökülen toz farın rahat bir şekilde temizlenmesine yardımcı olur. Beyaz toz far bütün göz kapağına fırçayla yedirilir.
* Seçilen ton hafifçe fırçayla yayılır. Malzeme su bazlıysa fırça nemlendirilir eğer toz

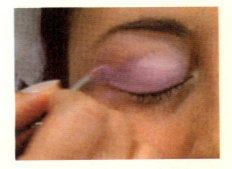
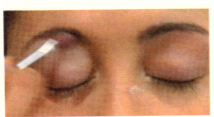
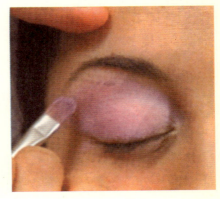
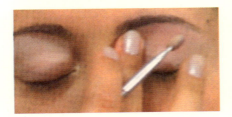

GECE MAKYAJI

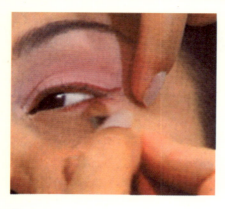

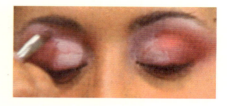

far kullanılıyorsa nemlendirmeye gerek yoktur. Kaşlara değdirmeden hafifçe yukarı doğru yayılır.

* Beyaz farla göz pınarı ve kaş altı aydınlatılır. Bu renk ışık sağlar. Hafifçe parmakla dağıtılır.
* Mürdüm rengi kullanılarak ince bir fırçayla eye-liner hattı belirlenir. Gözün üst ve alt hattı belirlenir, göz altındaki hat fırçayla dağıtılır.
* Göz kenarlarına gölgeler

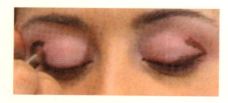

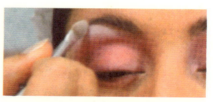

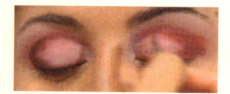

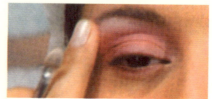

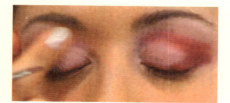

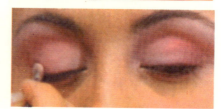

GECE MAKYAJI

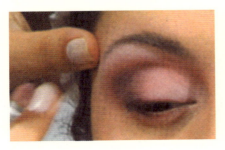

konulur ve fırçayla hafif bir şekilde içe yayılır.
* Parmaklar kullanılarak hafifçe renk dağıtılır.
* Beyaz toz farla, göz pınarı ve kaş altı iyice belirginleştirilir.
* Özellikle kaş altı fırçayla sürülür sonra el ile dağıtılır.
* Gölgeyi biraz daha koyulaştırmak için gri tonla, çok hafif bir şekilde fazla yaymadan, kenarlara doğru fırçayla renklendirilir. Böylece gözler biraz daha belirginleşir gece için ideal hale gelmiş olur.

GECE MAKYAJI

* İnce bir eyeliner çekilir, ince uçlu bir fırçayla ya da kalemle de uygulanabilir.
* Rimelinizi sürülür. Alt kirpiklere rimel sürerken bulaşmaması için, bir kağıt mendil kirpik altına konulur. Bu, rimelin daha rahat sürülmesini ve cilde bulaşmamasını sağlar.
* Eğer bulaşmışsa da pamuklu bir çubuk yardımıyla hafifçe temizlenebilir.
* Kaş fırçasıyla kaşlar düzeltilir. Toz far ya da kaş kalemiyle kaşlar renklendirilir. Tekrar kaş fırçasıyla fırçalanır.
* Dudakların hattı bir dudak kalemiyle belirlenir. Rujun rengi makyaj tonuna göre seçilir, ruj fırçasıyla uygulanır.
* Allık, allık fırçasıyla yüz şekline göre sürülür.
* Göz kapağına ışıltılı tonlardan sürerek geceye uygun hale getirilir. Dudaklara da bir parlatıcıyla daha çekici bir görünüm verilebilir.

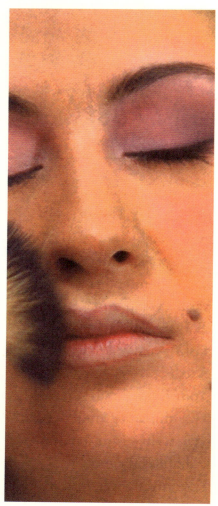

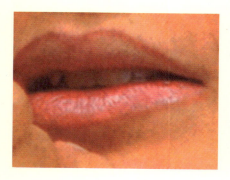

Suna anneannesinden kalma formülleri günümüze taşıyıp bizlerle paylaştı. Doğal ürünlerle daha mutlu, enerjik olmak elimizde.

Zeynep TUNUSLU

***

Otuz yıllık bilgi ve deneyimi bir kitapta toplayarak, toplumun bilgisine sunmasından ve kendisine ulaşamayanlarla uzmanlık alanını paylaşmak istemesinden dolayı Suna Dumankaya'yı kutluyorum. Bu kitabın, bitkilerle doğal yoldan cilt bakımında, tedavisinde ve güzelleşmede yol gösterici, yararlı kaynaklardan biri olacağından eminim.

İngilizce Öğretmeni
Halkla İlişkiler Uzmanı
İnci ÇETİN

***

Estetik sektöründe 20 yıllık bir deneyime sahip olmam münasebeti ve Türk geneline hizmet vermemizden dolayı müşteri olarak çok estetik uzmanı tanıma imkanına sahip oldum. Bu topluluk içerisinde çok değerli uzmanlar olmakla birlikte adı uzman olup, uzmanlıkla ilgisi olmadan kendini uzman diye tanıtanları gördüm. Onların istikrarsız şekilde sektörde bocaladıklarına şahit oldum. Suna Dumankaya hiçbir zaman bunlardan birisi olmamıştır. Dün olduğu gibi bu günde mütevaziliğini koruyarak manevi değerleride önemli sayarak estetik, güzellik sektöründe çizgisini hep muhafaza etmiştir. Sektöre çok insanlar kazandırmış, kafasında hiç iş yapmayı düşünmeyecek bir çok bayanı güzellik sektörüne sokarak ekonomik ve sosyal açıdan ayaklarının üzerinde durmasına destek olmuştur. Çevresine ve dostlarına kendisine yaptığından daha çok katkıları olmuştur. Sevgili Suna'nın estetik, güzellik sektörü için neler düşündüğünü ortaya koymaktadır.

Mehmet Ali ÖZKAN
MEDİ-KİM GENEL KOORDİNATÖRÜ

***

Değerli Arkadaşım Suna,
Kozmetik sektöründe uzun ve pahalı araştırmalar sonucu elde edilen bilgileri bir çırpıda sunarak, hem doğanın nimetlerinden yararlanmayı, hem de pratik yöntemlerle evimizde kendi güzellik salonumuzu yaratmayı sağlıyorsun. Bilginin son derece önemli olduğu çağımızda, alçakgönüllülükle ve açık yüreklilikle, hiçbir çıkar gözetmeden birikimlerini bizlerle paylaştığın için teşekkürler.

Yosun KEENAN

***

Yıllar önce tanıdığım, dostum ve arkadaşım Suna Dumankaya'yı, her zaman mesleğimizle ilgili, daima kendisini geliştirici çabaları ile tanımaktayım. Aile ocağında aldığı doğa sevgisi ve bilgilerini bir kitapta toplayarak bizlerle paylaşmış olduğu için kendisini kutluyor ve teşekkür ediyorum

Reyhan KAYNAR

Tamamlayıcı tıbba inanan bir hekim olarak; sevgili dostum Suna Dumankaya'nın bilgi ve tecrübelerine çok güveniyorum. Doğal ürünlerle güzelleşmek veya iyileşmek isteyen kişiler için Suna Hanım bulunmaz bir hazinedir. Daha engin başarılara imza atması dileğiyle...

Dr. Herve GİZ
Cilt Hastalıkları Uzmanı

***

Çağdaş tıpta 2000'lere gelindiğinde; teşhis ve tedavide en üst bilimsel düzeye ulaşmış olmasına rağmen, insanoğlu ile ilgili pek çok bilinmez, halen geçerliliğini korumaktadır. Her geçen gün yeni birşeyler öğrenerek, bilgi ve bilincimizin derinliğini artırmaktayız. Alternatif Tıp olarak da adlandırılan, ancak müspet ilim dışına ve muhtemelen insanın varedildiği günden beri, çevresinde olup bitenlerden ve deneyimlerinden edindiği sonuçlar, bugün bile pek çok tedavi ve uygulamanın hal çaresi olabilmektedir. Bu çözümler gerçekte hemen yanı başımızda, doğada durmaktadır. Ancak ona hangi gözlüklerle baktığımız önemlidir. Pekçok hastalığın cevabını doğa ile bütünleşerek; bir bitkinin kökünde, onun yaprağında veya bir arının balında bulabiliriz. İşte bu amaçla yola çıkılarak hazırlanmış bu kitapta, doğanın pekçok gizeminin, onun bir parçası olan insanlara nasıl yararlı hale dönüştüğünü, ilgi ve şaşkınlıkla okuyacaksınız. Sevgili Suna Dumankaya'nın kitabında yer almaktan onur duyarım.

Doç. Dr. Ahmet KURTARAN

***

Artistik Kuaförler Derneği'nin düzenlemiş olduğu cilt bakımı güzellik uzmanlığı kursunda konusunun duayeni olan Suna Dumankaya, 30 yıllık deneyimini hiçbir fedakarlığı esirgemeden kursiyerlerimize aktarmıştır. Günümüz kuaförlerinde diplomalı ve profesyonel elemanlar yetiştirerek onlara bütün incelikleri anlatan Suna Dumanka'ya teşekkür ederiz.

İstanbul, Artistik
Kuaförler Derneği Başkanı
OKTAY ERKAL

***

Merhaba,
Güzelleşmek elbette her kadının hakkı. Günümüzde bayanlara güzelleşme alanında sunulan olanaklar saymakla bitmiyor. Güzellik merkezleri zaten bakımına özen gösteren bayanların emrinde. Biz, kimi bayanlar sadece cilt bakımı olsun da nasıl olursa olsun demiyoruz. Özellikle ben; ilgi, alaka, hoş sohbet ve branşında en iyisini arıyordum. Ayrıca, bitkilerle hazırlanmış olan peeling ve maskeler beni çok etkiliyor. Bu isteklerimin hepsini Suna Abla ile yakaladım. Hazırlamış olduğu ürünler her derde deva. İçerisinde kabak, salatalık olan bir karışımın benim cilt kuruluğuma iyi geleceğini ve tedavi edeceğini düşünemezdim. Kendisi, çok iyi bir dost, dinleyici ve arkadaştır. Benim hayat yoluma çıktığı için müteşekkirim. Sevgi ışığın daima parlasın.

Sadakat SAYLAM
JOYTOUR

Eski ve sevgili dostum Suna Dumankaya'nın kitabına yazı yazmak; hem kendim için hem de sevgili dostum için beni çok fazla heyecanlandırdı. Bu kitap, uzun yılların bilgi birikimlerini, deneyimlerini, ustalık tecrübe ve emeklerini kapsayan; ve biz okuyucularına çok büyük faydalar sağlayacağına inandığım bir eser. Böyle bir eseri bizlere kazandırdığı için öncelikle bir meslekdaşı ve arkadaşı olarak kendisini içtenlikle kutluyorum. Bu eserin özellikle herkese ve yine estetisyenlik mesleğine yeni başlamakta olanlara da bir ışık, umut ve öğretici el kitabı vazifesi göreceğine inanıyorum. Tam bir başucu kitabı... Sevgili arkadaşım daha nice başarılara...

Sema KAYNAK
Güzellik Uzmanı

***

Suna Dumankaya, onyedi yıllık iş hayatımda tanıdığım estetisyen olarak, mesleğini sevgisi ve bilgisiyle bütünleştiren, kendini daima yenileyen, hastalıkları balları ve bitki çaylarıyla şifa veren, ellerinde en yüksek enerjiyi taşıyan, eşine az rastlanan mükemmel bir uzman ve dosttur. Doğanın sunduğu her bitkinin mucizevi sonuçlarını bilen ve bizimle paylaşan, ayaklı ansiklopedi diye çağırdığım, şifa veren bir kişiyi tanımış olmak ve ayrıca dostu olmak çok gurur verici. Bu değerli kitabıyla, bize pek çok konuda ışık vererek, meslek hayatında daha nice güzellikler ve başarılar diliyorum.

Yıldız KIZILCAN
Estetisyen

***

Sevgili Suna,
Geçen uzun yıllar senin insanlara o güven veren güzel yüzün, sonsuz sabrın, inancın, içindeki tüm iyilik ve güzellikleri bizlerle paylaşman ve titiz çalışma azmin, uyguladığın doğal tedavilerle (reçetelerle) mucizeler yarattığını ben (ve arkadaşlarım) bire bir yaşadım, yaşadık. Seni şimdiden tebrik eder, tüm başarıların ve mutlulukların seninle olmasını diler, bana yazma fırsatı verdiğin için de teşekkür ederim.
Sevgilerimle,

Şükran HATTAT

***

Suna Dumankaya'ya baktığımda güzelliğin 3 boyutlu bir kavram olduğunu görürüm. Birincisi iç (ruh) güzelliği, ikincisi iç organlarımızın sağlıklı olmasından yansıyan güzellik, üçüncüsü dış güzellik. Suna'da ruh güzelliği için de, organların düzenli çalışması ya da hastalıklar için de, dış güzellik için de yüzyıllar öncesinden gelen ve genel kabul görmüş, kendisinin de sürekli deney imlediği her tür reçete vardır.

Serap CENGİZ

***

Birikimlerini bizlerle paylaştığın için sana teşekkür ediyorum. Mutlaka her derde deva olacak bir reçete vardır. Çünkü yüreğin sevi, saygı, dürüstlük dolu, Allah yolunu açık etsin fedakar anne; dost gönüldaşım.

Belma TATLIBAL

Suna Dumankaya ile olan dostluğum ondokuz yıl öncesine dayanır. Eline aldığı her bitkinin cilt ve sağlıkla ilgili özelliklerini söylemesi ve uygulaması beni çok etkiledi. Her zaman anneannesinin bitkilerle olan yakınlığından bahsedip bu bilgilerin hemen hemen tümünü ondan öğrendiğini söylerdi. Anneannesi bu günkü deyimiyle herbalistdi. Özellikle günümüz koşullarında her nekadar teknoloji ilerleyip hayatımız bir o kadar kolaylaşmış gibi görünse de, bedenimiz özellikle derimiz, kötü ortam koşullarında oldukça yıpranmaktadır. Bedenimiz doğadaki organik ve inorganik maddelerin bir kompozisyonudur. Suna Dumankaya'nın hazırladığı bu kitap günlük yaşamda kullandığımız inorganik maddeleri, bitkisel ürünlerin içeriklerini, nasıl kullanılacağını tarif eden çok değerli bilgileri içermektedir. Bu kitapta önerilen reçeteler bedenimizin günlük ortam koşullarında maruz kaldığı, yıpratıcı etkileri en az düzeye indirecek ya da tamamen ortadan kaldıracak özelliktedir. Suna'nın önermiş olduğu reçeteler tamamen doğal ürünlerden oluşmaktadır. İnsan bedenine zararlı kimyasallar içermemektedir. Birçoğu elimizin altında sürekli kullandığımız ekolojik ürünlerdir, ekonomiktir. Güzelleşmek bakımlı olmak için çok para harcamaya gerek kalmayacak.

YASEMİN GÜNEY
Uzman Biyolog

***

Sevgili Suna Hanım,
Sizi tanımak benim için büyük bir keyif oldu. İnsanın hayatta sizin gibi içten, sevgi dolu, pozitif enerji veren dostları olduğu sürece kendisini kötü hissetmesi mümkün değil. Gözlerinizdeki ışıltıyı, yüzünüzdeki gülümsemeyi, ellerinizdeki sıcaklığı hiç kaybetmeyin. İyi ki varsınız, bu dünyaya kattığınız iyilikler kadar siz de hep mutlu olunuz.

Sevgiler,
Canan ÇELEBİOĞLU T.

***

Lokman Hekim'den günümüze, bitkilere dayalı tedavi yöntemi gitgide önemini artırıp, uygulama alanını genişleterek süregelmiştir. Suna, bitkilerin dilinden en iyi anlayan, onları en iyi nerede ve nasıl kullanacağını bilen, konusunda uzman bir kişi olup, uygulaama ve önerilerine muhatap olarak şifa bulan kişilerin şükranla andıkları bir isimdir. Yılların birikimi ile oluşturulan bu yapıt, bitkilerden şifa bekleyenler için vazgeçilmez bir başucu kitabı konumundadır. Suna'ya ulaşmış kişiler, O'nun önerileri doğrultusunda bitkilerden şifa ve güzellik buldukça, bunun kendileri için ilahi bir armağan ve şans olduğu sonucunda birleşmişlerdir. Herkesin, kendisi için bir formül bulacağına inandığım bu eserin devamını getirmesini diliyorum.

Av. Esin Turhan GÜREL

***

Sevgili Sunacığım,
Beni bu projeye ortak ettiğin için çok onur duydum. Hem yardım edebildim hem de senden çok şey öğrendim. Bu güzellik sırlarının en başında iç güzelliği olduğunu da zaman içerisinde gördük. Daha nice kitaplara ve güzelliklere.
Sevgilerimle,

Canan Z. Tugayoğlu